Evangelio en el Rosario

Estudio Bíblico de los Misterios de Cristo

**Contiene los
NUEVOS Misterios
de Luz**

"El Rosario... es esencialmente un oración Cristo-céntrica. En la seriedad de sus elementos, tiene toda la profundidad del mensaje del Evangelio completo, del cual se puede decir que es un compendio." Juan Pablo II

Daniel R. Sánchez, D. Min., Ph. D.

Evangelio En El Rosario

© Copyright 2007
Daniel R. Sánchez

Todos los derechos reservados

Ninguna parte de este libro se debe reproducir o trasmitir en ninguna forma o por ningún medio electrónico o mecánico, lo cual incluye fotocopiado y gravado, o por ningún almacenamiento de información o sistema de conseguir datos, exceptuando citas breves en revisiones escritas, sin el previo permiso del publicador. Solicitudes de permiso se deben dirigir por escrito a: Church Starting Network, o contactándonos en el sitio de la web dado más adelante.

Para más información de este libro y otros recursos y materiales de capacitación, o para contactar al autor, tenga la bondad de referirse al sitio de la web de la Red de Sembrar Iglesias: www.churchstarting.net

A menos que se señale de otra manera, las citas bíblicas se han tomado de la Versión Popular: DIOS HABLA HOY (Sociedades Bíblicas Unidas, 1983). Usada con permiso. Esta Biblia tiene la aprobación del Consejo Episcopal Latinoamericano el cual ha hecho la siguiente declaración:

> El Consejo Episcopal Latinoamericano –- CELAM – mira con satisfacción la publicación completa de la Versión Popular de la Biblia en Español, "Dios habla hoy," la cual, realizada con la colaboración de biblistas

católicos, contiene de acuerdo con nuestra petición, los libros Deuterocanónicos y está destinada a la difusión de la Palabra de Dios en América Latina.

Esperamos que por medio de esta nueva traducción la Palabra divina "se propague rápidamente y sea escogida con honor" (2 Ts. 3.1) en nuestro Continente, para mayor conocimiento del Señor Jesús, fidelidad de todas a su nombre y perfecta unión de los cristianos.

ALFONSO LÓPEZ TRUJILLO 18 de enero de 1979
Secretario General de CELAN

ISBN 0-9772433-8-9

DEDICACIÓN

Queremos dedicar este libro a cada persona en este mundo que tiene hambre en su alma de tener una relación personal con Jesucristo, la luz del mundo. La oración de San Pablo es nuestra oración: "Pido al Padre que de su gloriosa riqueza les dé a ustedes, interiormente, poder y fuerza por medio del Espíritu de Dios, y que Cristo viva en sus corazones por la fe. Así ustedes, firmes y con raíces profundas en el amor, podrán comprender con todos los creyentes cuán ancho, largo, profundo y largo es el amor de Cristo. Pido pues, que conozcan ese amor, que es mucho más grande que todo cuanto podemos conocer, para que así estén completamente llenos de Dios" (Efesios 3:16-19).

RECONOCIMIENTO

Queremos expresar nuestro sincero agradecimiento a Lisa Seeley y a Jennifer Githens por su ayuda en la preparación editorial de este manuscrito. También queremos dar las gracias a Bruno Molina quien nos ayudó en la traducción de varios capítulos, a Sergio Chacín y a Eric Anaya por revisar el manuscrito del libro. Sin la ayuda de todas estas personas, la publicación de este libro no hubiera sido posible.

ÍNDICE

DEDICACIÓN

RECONOCIMIENTOS

INTRODUCCIÓN

    PRIMERA PARTE: Los Misterios Gozosos

1. **LA ANUNCIACIÓN (Lucas 1:26-38)**

    El Significado del Anuncio
    La Respuesta de la Virgen María al Anuncio

2. **LA VISITACIÓN (Lucas 1:39-56)**

    La Respuesta de Isabel vv. 41-45)
    La Respuesta de María (vv.46-56)

3. **LA NATIVIDAD (Lucas 2:1-20)**

    El Nacimiento de Jesús (Lucas 2:1-7)
    El Mensaje de los Ángeles
    La Señal del Ángel
    La Fe de los Pastores

4. **LA PRESENTACIÓN (Lucas 2:21-38)**

    La Preparación para la Presentación
    El Significado de la Presentación

5. **EL NIÑO PERDIDO (Lucas 2:40-52)**

    José y María Fueron a Jerusalén
    José y María Partieron de Jerusalén
    Jesús Fue Encontrado en el Templo

SEGUNDA PARTE: Los Misterios Luminosos

6. EL BAUTISMO DE JESÚS (Lucas 3:1-22)

La Persona que Bautizó a Jesús (Lucas 3:1-6)
El Mensaje que Predicó Juan el Bautista
El Bautismo de Jesús

7. LA MANIFESTACIÓN DE JESÚS (Juan 2:1-12)

El Ambiente (Juan 2:1,2)
La Crisis (Juan 2:3)
La Respuesta (Juan 2:4)
El Milagro (Juan 2:6-10)
Los Resultados (Juan 2:11)

8. LA PROCLAMACIÓN DEL EVANGELIO (Marcos 1:14,15; 2:3-13)

Proclamación del Evangelio del Reino
Invitación a Arrepentirse y Creer (Marcos 1:15)
Demostración del Poder y la Divinidad del Proclamador

9. LA TRANSFIGURACIÓN DE JESÚS (Lucas 9:28-36)

La Reunión de Oración (v.28)
Los Visitantes Celestiales (vv. 30-33)
La Nube (v.34)
La Voz (v.35)
La Figura Central (v.36)

10. LA INSTITUCIÓN DE LA EUCARISTÍA (Lucas 22:7-20)

La Preparación para la Eucaristía (vv. 7-13)
La Preparación que Hizo Jesús
La Celebración de la Pascua
La Institución de la Eucaristía

TERCERA PARTE Los Misterios Dolorosos

11. LA AGONÍA DE JESÚS EN EL HUERTO (Lucas 22:39-46)

El Deseo de Jesús de Tener Compañerismo Humano
El Deseo de Jesús de Tener Compañerismo Divino
Jesús No Quería Morir
Jesús Quería Saber Si Había Otra Alternativa
Jesús Se Sometió a la Voluntad de Dios
Jesús Confió en Dios Completamente

12. LA FLAGELACIÓN (Mateo 27:11-26)

Jesús Fue Rechazado
Jesús Fue Rechazado

13. LA CORONACIÓN DE ESPINAS (Mateo 27:28-29)

El Rey Humillado
El Rey Exaltado
Vestido en al Túnica Real
Llevando Una Vara de Hierro
Recibiendo Adoración Genuina

14. LA CRUZ A CUESTAS (Juan 19:17-19)

Jesús Cargando la Cruz
Jesús Cayendo con la Cruz

15. LA CRUCIFIXIÓN (Lucas 23:32-49)

Los Eventos Dolorosos de la Crucifixión
El Significado de la Crucifixión

CUARTA PARTE: Los Misterios Gloriosos

16. LA RESURRECCIÓN (Lucas 23,24)

La Evidencia de la Resurrección
El Significado de la Resurrección
Hoy Cristo Está Con los que No Tienen Esperanza
Hoy Cristo Está Con los que Necesitan Su Perdón
Hoy Cristo Está Con los que Tienen Dudas

17. LA ASCENSIÓN (Lucas 24, Hechos 1)

La Ascensión de Jesús
Lo Que Significó para Jesús
El Significado para los Discípulos
La Promesa del Regreso de Jesús
El Ministerio de Jesús en el Cielo

18. LA VENIDA DEL ESPÍRITU SANTO (Hechos 2)

La Venida del Espíritu Santo
El Ministerio del Espíritu Santo en Nuestras Vidas

19. EL REGRESO DE JESÚS (Hechos 1 y 1 Tes. 4)

¿Cómo Será el Regreso de Cristo?
¿Qué Significará el Regreso de Cristo?

20. EL PADRE AMOROSO (Lucas 15:11-32)

La Partida del Hijo Pródigo
La Perdición del Hijo Pródigo
El Perdón del Hijo Pródigo
    Lo Que Hizo el Hijo
    Lo Que Hizo el Padre

21. EL NUEVO NACIMIENTO (Juan 3:1-16)

El Nuevo Nacimiento Es Necesario
El Nuevo Nacimiento Es Espiritual
El Nuevo Nacimiento Es Hecho Posible
A Través de Su Muerte en la Cruz
La Necesidad del Nuevo Nacimiento
La Forma en que se Recibe el Nuevo Nacimiento

22. LA RELACIÓN APROPIADA CON DIOS (Juan 4:1-26)

La Adoración Que Dios No Desea
La Adoración Que Dios Sí Desea
La Adoración Que Es Ofrecida en una Forma Espiritual

23. EL DESTINO FINAL (Lucas 16:19-31)

Hay Vida Después de la Muerte
La Forma en que Respondemos al Evangelio Determina Dónde Vamos a Pasar la Eternidad

Conclusión

INTRODUCCIÓN

El 16 de octubre del 2002, el Papa Juan Pablo II envió una carta apostólica a los Obispos, al Clero y a los fieles enfatizando el significado del Rosario.[1] En esta carta el afirmó el "carácter evangélico y la inspiración Cristológica" del Rosario.[2] El explicó:

> En la seriedad de todos sus elementos, [el Rosario] tiene la profundidad del mensaje del Evangelio en su totalidad, del cual se puede decir que es un compendio.[3] El Rosario, considerado en su significado completo, va al corazón de la vida cristiana, ofrece una oportunidad familiar y a la vez es fiel espiritualmente y educacionalmente para la contemplación personal, la formación del Pueblo de Dios y la nueva evangelización.[4]

El Evangelio de Jesucristo es el medio establecido por Dios para nuestra salvación. San Pablo afirmó esta verdad cuando dijo: "No me avergüenzo del mensaje del evangelio, porque es poder de Dios para que todos los que creen alcancen la salvación" (Romanos 1:16a). Al estudiar y meditar en "Los Misterios de Cristo en el Rosario," podemos llegar a una comprensión clara del Evangelio y conocer a Jesucristo como nuestro único "Salvador y Señor."[5]

A través de los siglos, el uso del Rosario ha ayudado a muchas personas en sus oraciones y en su vida devocional. "El origen del Rosario se encuentra en la práctica de los cristianos primitivos de recitar 150 salmos de la Biblia, diariamente o semanalmente. Los que no podían recitar los salmos recitaban 150 oraciones, mayormente el Padre Nuestro, 150 veces usando cuentas para contra sus oraciones."[6] La forma presente del Rosario se cree que se originó a través de una coalescencia de devociones personales desde el siglo 12 en adelante. Para el 1573, una fiesta oficial fue declarada y el Rosario fue hecho parte de la vida litúrgica de la Iglesia Católico Romana.[7] Generalmente, el Rosario se comienza con el Credo de los Apóstoles, el Padre Nuestro, tres Salutaciones Angelicales y un Gloria Sea al Padre.[8] Cuando esto se ha terminado, se le aconseja a la gente que comience a meditar en el primer misterio de la primera serie.

Tradicionalmente, los Misterios incluidos en el Rosario han sido divididos en tres categorías, **Gozosos**, **Dolorosos**, y **Gloriosos**. Los *Misterios Gozosos* descritos en la Biblia incluyen La Anunciación del Nacimiento de Jesús, La Visitación de María a Isabel, La Natividad de Jesús, La Presentación de Jesús en el Templo y El Encuentro de Jesús en el Templo..
Los *Misterios Dolorosos* en la Biblia incluyen: La Agonía de Jesús en el Jardín, Los Azotes, La Corona de Espinas, Jesús cargando la Cruz, y la Crucifixión. Los **Misterios** *Gloriosos* que se describen claramente en la Biblia son: La Resurrección de Cristo; La Ascensión de Cristo al Cielo; El Descenso del Espíritu Santo en Pentecostés y el Regreso de Cristo.[9]

En un esfuerzo de "resaltar más completamente la profundidad Cristológica del Rosario,"[10] el Papa Juan Pablo II propuso la adición de cinco "*Mysteria Lucis*" (Misterios de Luz), los cuales enfocan en los tres años de la vida pública de Jesús cuando él proclama el Evangelio del Reino.[11] Los *Misterios Luminosos* que se encuentran en la Biblia incluyen: (1) El Bautismo de Jesús en el Jordán; (2) Su Manifestación en las Bodas de Caná; (3) Su Proclamación del Reino de Dios y su Llamado a la Conversión; (4) Su Transfiguración y (5) Su Institución de la Eucaristía. Cada uno de estos misterios es una revelación del Reino presente hoy en la persona misma de Jesús.[12]

Estos misterios mencionados aquí forman el corazón del Evangelio de Jesús. El Apóstol Pablo dio una definición concisa del evangelio que él recibió de Cristo: "que Cristo murió por nuestros pecados, como dicen las Escrituras, que lo sepultaron, que resucitó al tercer día como dicen las Escrituras;" (1Corintios 15:3-4). La muerte, la sepultura, y la resurrección de Cristo acontecieron "como dicen las Escrituras." Esto significa que estos eventos ocurrieron de acuerdo con el propósito y con los resultados descritos en La Santa Biblia. Jesús murió en nuestro lugar, satisfaciendo la demanda de la santidad de Dios. El resucitó de la tumba. A través de una fe personal en El, podemos ser liberados del castigo eterno en el infierno y vivir eternamente en su presencia en el cielo (10:8-13). En su discurso en Pentecostés (citado en Hechos capítulo 2) San Pedro también presentó una explicación concisa del Evangelio cuando habló acerca de la muerte de Jesús (v. 23), la resurrección de Jesús (vv.24-32), la ascensión de Jesús (v.33-36), la venida del Espíritu Santo (v.33; 38; 39), y la salvación que las personas pueden recibir al arrepentirse de sus pecados y poner su confianza en Jesús como su Salvador (v.38).

El Evangelio, pues, es la Buena Noticia que Jesús nacido de la Virgen María, murió en la cruz por nuestros pecados, resucitó de los muertos, subió al cielo, y envió al Espíritu Santo para vivir en nuestros corazones. Si ponemos nuestra confianza en Jesús, seremos perdonados de todos nuestros pecados, sentiremos su presencia en nuestras vidas diariamente, e iremos al cielo cuando muramos (Juan 14:1-3).

En este libro nos enfocamos solamente en los Misterios **Gozosos, Luminosos, Dolorosos**, y **Gloriosos** que se relacionan a la vida de Jesús y que son presentados claramente en la Biblia. Estando de acuerdo con la afirmación del Papa Juan Pablo II "que todo en la vida de Jesús es una señal de su misterio."[13] y que hay una necesidad de proveer el fundamento Bíblico en el cual se basan los misterios,[14] unos estudios Bíblicos han sido incluidos bajo los *Misterios Gloriosos*. Estos se enfocan en dos diálogos que Jesús tuvo (Nicodemo, la Mujer Samaritana) y dos parábolas que él enseñó (el Hijo Pródigo, el Hombre Rico y Lázaro). A través de estas lecciones Bíblicas, podemos llegar a una comprensión clara del amor de Dios y de la misión de Jesús de acercarnos a nuestro Padre Celestial y de prepararnos para nuestra vida con él en el cielo.

Se les anima a las personas a meditar en los Misterios de Cristo en el Rosario. En cada uno de estos estudios Bíblicos, pues, habrá oportunidades para meditar en las implicaciones de las lecciones de estos Misterios en cuanto a nuestra relación con Jesucristo. Juan Pablo II dijo, "Para proveer un fundamento Bíblico y mayor profundidad a nuestra meditación, es provechoso seguir el anuncio del misterio con la proclamación del pasaje Bíblico correspondiente, largo o corto dependiendo en las circunstancias. Ningunas otras palabras pueden estar a la par de la eficacia de la palabra inspirada. Al escuchar estamos seguros que esta es la palabra de Dios hablada hoy para mi."[15] El también sugirió que: "Sin disminuir el valor de tales invocaciones, es provechoso notar que la contemplación de los misterios puede expresar mejor su plenitud espiritual si se hace un esfuerzo de concluir cada misterio con *una oración por frutos específicos a ese misterio en particular.*"[16] De acuerdo con esta valiosa sugerencia, hemos incluido un verso Bíblico para aprender de memoria y una oración por frutos relacionados con cada misterio. Que las bendiciones de Dios moren con usted mientras estudia diligentemente y medita en la Santa Palabra de Dios.

NOTAS

[1.] Carta Apostólica *Rosarium Virginis Mariae* del Supremo Pontífice Juan Pablo II.
http://www.vztican.va/holy_father/john_paul_ii/apost_letters/dkocuments/hf-ii_apl_200…
[2] Ibid., 2.
[3] Ibid., 1.
[4] Ibid., 2.
[5] Ibid, 1.

⁶ Rev. Victor Hoagland, C.P., *The Scriptural Rosary*, New York: The Regina Press, 1999, 7.
⁷ Reynolds R. Ekstrom, Rosemary Ekstrin, *Concise Catholic Dictionary*, Mystic, Ct: Twenty-Third Publications, 1991, 131.
⁸ Felician A. Foy, editor, *Catholic Almanac*, Huntington: Our Sunday Visitor, Inc, 1992, 325.
⁹ Este misterio no está incluido en los Rosarios tradicionales. En el mismo espíritu de la afirmación de Juan Pablo II que los Misterios Luminosos llevan la mente a una reflexión más expansiva del resto del evangelio, hemos incluido el misterio del regreso de Cristo. Véase Juan Pablo II, Carta Apostólica, 15, 16.
¹⁰ Juan Pablo II, Carta Apostólica, 9.
¹¹ Juan Pablo II, Carta Apostólica, 11.
¹² Juan Pablo II, Carta Apostólica, 11.
¹³ Juan Pablo II, Carta Apostólica, 13.
¹⁴ Juan Pablo II, Carta Apostólica, 22.
¹⁵ Juan Pablo II, Carta Apostólica, 16.
¹⁶ Juan Pablo II, Carta Apostólica, 18.

PRIMERA PARTE:

LOS MISTERIOS GOZOSOS

Los *Misterios Gozosos* describen la felicidad que la venida de Jesús trajo a las vidas de las personas. En la Anunciación, el ángel Gabriel dijo a la Virgen María: "¡Te saludo, favorecida de Dios!" (San Lucas 1:28). Cuando Elisabet oyó el saludo de María, la criatura (Juan) "se le movió en el vientre" (vea San Lucas 1:41). Cuando Jesús nació, el ángel dijo a los pastores: "No tengan miedo porque, les traigo una buena noticia que será motivo de gran alegría para todos: Hoy les ha nacido hoy en el pueblo de David un Salvador, que es el Mesías, el Señor" (San Lucas 2:10, 11). En la Presentación de Jesús en el templo, Simeón con gran alegría tomó a Jesús en sus brazos y lo bendijo con estas palabras: "Ahora, Señor, tu promesa está cumplida: puedes dejar que tu siervo muera en paz. Porque ya he visto la salvación que has comenzado a realizar a la vista de todos los pueblos, la luz que alumbra a las naciones y que será la honra de tu pueblo Israel" (San Lucas 2:29-32). Hubo gozo en el corazón de María y de José cuando encontraron al jovencito de doce años de edad, Jesús, en el Templo. Con gran ansiedad lo habían buscado, pero sintieron gozo cuando lo encontraron "sentado entre los maestros de la ley, escuchándolos y haciéndoles preguntas" (San Lucas 2:46). Al estudiar estas porciones de la Biblia y meditar acerca de los *Misterios Gozosos*, nuestro deseo es que usted sienta el gozo de llegar a conocer a Jesús como su Salvador personal.

CAPÍTULO 1

LA ANUNCIACION DEL NACIMIENTO DE JESUS

(San Lucas 1:26-38)

Uno de los momentos más alegres en la vida de una pareja es cuando recibe la noticia que va a nacer su primer niño. Cuando mi esposa y yo escuchamos al médico decirnos que íbamos a tener un niño sentimos una emoción muy especial al pensar que estábamos participando con Dios en el milagro de la creación de un ser humano. Nuestras vidas llegaron a tener un nuevo significado. Ya no viviríamos sólo para nosotros mismos sino para amar, nutrir, proteger y guiar a esa criatura que nacería como resultado de nuestro amor. Inmediatamente comenzamos a imaginarnos a quién se iba a parecer nuestro niño y qué llegaría a ser en la vida. Nuestra alegría llegó a ser aun más grande cuando comenzamos a compartir las buenas nuevas con nuestros padres (los futuros abuelitos), con los demás familiares y con nuestros amigos íntimos. Estos fueron momentos muy hermosos. No sólo nos sentíamos felices por las noticias que habíamos recibido sino que nos sentíamos rodeados de personas que nos aman y que estarían allí para ayudarnos al prepararnos para esta nueva experiencia en nuestras vidas.

Hay un sentido en el cual el anuncio del nacimiento de nuestro niño se parece al anuncio del nacimiento de Jesús. Esta sería una experiencia nueva, habría mucha alegría, habría la anticipación de la llegada del niño y muchas otras personas se regocijarían con la noticia. Pero hay un sentido en el cual el anuncio del nacimiento de Jesús es totalmente diferente al anuncio que nosotros recibimos acerca del nacimiento de nuestro niño.

El Significado Del Anuncio

El anuncio del nacimiento de Jesús fue único por varias razones muy importantes. Este anuncio fue dado en una forma sobrenatural. No fue un médico sino un ángel el que dio este anuncio. Este anuncio no se trataba de una persona ordinaria sino de una persona que sería diferente a todos los seres humanos que han existido desde la creación del mundo. Su concepción no sería el producto de la unión de un hombre con una mujer sino que sería una concepción milagrosa. Su origen no sería terrenal sino divino. Su misión no sería simplemente alcanzar metas personales sino la salvación de la humanidad. Su reino no sería terrenal y temporal sino espiritual y eterno. Este fue el anuncio del nacimiento del Hijo de Dios. Por eso fue el anuncio más importante y más glorioso que jamás haya sido dado. Aunque fue dado hace casi dos mil años, este anuncio tiene gran significado para nuestras vidas en el día de hoy y para nuestro destino eterno. En el capítulo uno del Evangelio de San Lucas encontramos este anuncio.

Un Anuncio Sobrenatural (San Lucas 1:26-30)

El anuncio del nacimiento de nuestro Señor Jesucristo fue sobrenatural por varias razones. En primer lugar, fue sobrenatural porque fue dado por un ángel. El versículo 26 dice: A los seis meses, Dios mandó al ángel Gabriel a un pueblo de Galilea llamado Nazaret. La expresión "a los seis meses" se refiere al embarazo de Isabel la mamá de San Juan Bautista (versículos 5 al 25). Fue, pues, en el sexto mes del embarazo de Isabel que el ángel Gabriel apareció para dar el anuncio del nacimiento de Jesús. Este fue un anuncio sobrenatural porque fue dado por un ángel.

En segundo lugar, este anuncio fue sobrenatural porque fue dado a una virgen. El versículo 27 dice: "A una mujer virgen llamada María que estaba comprometida para casarse con un hombre llamado José, descendiente del rey David". Para comprender la expresión "una virgen que estaba comprometida" tenemos que conocer las costumbres judías en cuanto al matrimonio. Un año antes de la boda, se tenía una ceremonia que era similar a lo que nosotros conocemos como dar un anillo de compromiso. En esta ceremonia la pareja anunciaba que tenían planes de casarse. Esta ceremonia era diferente a la del anillo de compromiso en que todos consideraban que la novia ya le pertenecía al novio y nada debía cancelar los planes para la boda salvo el divorcio o la muerte del novio. Aunque no se les permitía tener relaciones sexuales hasta después de la boda, el estar desposados significaba que se pertenecían el uno al otro. Es importante hacer notar que el anuncio acerca del nacimiento de Jesús fue dado a una mujer que estaba comprometida pero no se había casado. Como veremos en más detalle después, la idea de que Jesús nacería de una virgen garantizaba que su nacimiento tenía que ser un milagro de Dios. El hecho de que el anuncio fue dado por un ángel a una virgen hace que este sea un anuncio verdaderamente sobrenatural.

Un Anuncio Del Origen Divino De Jesús

No solamente el anuncio sino también el origen de Jesús fueron sobrenaturales. El ángel le dijo a María: "Ahora vas a quedar encinta: tendrás un hijo, y le pondrás por nombre Jesús" (v.31). Al escuchar estas palabras, María se llenó de asombro. Fue suficiente sorpresa ver al ángel (v.28). Pero escuchar el anuncio que ella iba a tener un hijo le parecía imposible. Ella contesta ¿Cómo podrá suceder esto si no vivo con ningún hombre? v. 34). En ciertos casos en la Biblia se usa la palabra conocer para referirse a la unión matrimonial (vea Génesis 4:1). María estaba diciendo, y ¿cómo puedo tener un hijo siendo que no he tenido relaciones sexuales? Respondiendo el ángel, le dijo: "El Espíritu Santo vendrá sobre ti, y el poder del Altísimo descansará sobre ti como una nube" (v. 35). Lo que el ángel le estaba diciendo era que este nacimiento iba a ser diferente al de todos los seres humanos. En este nacimiento no iba a tener que participar un varón. En otras palabras, esa célula de vida no iba a venir de un varón sino de Dios mismo. El Espíritu Santo de Dios iba a hacer un milagro e iba a formar esa célula de vida en el vientre de María. Esto es lo que haría posible que una virgen diera a luz a un niño. Por eso es que nuestro Señor Jesucristo es diferente a todo ser humano. El nació de una virgen.

Pero hay otra cosa que hace que Jesús sea diferente. El es el hijo de Dios. El versículo 32 dice: "al que llamarán Hijo del Dios altísimo." El versículo 35 añade: "Por eso, el niño que va a nacer va a ser llamado Santo e Hijo de Dios." Este es el milagro de milagros. El hijo de Dios vino del cielo a la tierra para nacer de una virgen. Jesús, pues, es el hijo de Dios que vino a la tierra a tomar forma humana para compartir con nosotros el amor de Dios. Como humano, habiendo nacido en el vientre de la virgen María, Jesús puede comprender nuestras luchas, nuestros sufrimientos, nuestros temores y nuestras debilidades. Como divino, siendo el hijo del Altísimo, El puede perdonar nuestros pecados, cambiar nuestras vidas, darnos esperanza para el futuro, traer paz a nuestros corazones y concedernos la fuerza para vencer las tentaciones.

Un Anuncio De La Misión Salvadora De Jesús

Además de decirle el ángel a María que ella sería un instrumento en las manos de Dios para el nacimiento de Su hijo, el ángel le explica cuál será la misión de Jesús. El versículo 31 dice: "Y le pondrás por nombre Jesús." En la cultura judía se usaba el nombre Jesús como una forma abreviada del nombre Josué, el cual significa "Salvación de Jehová." El evangelio de San Mateo explica esto cuando dice: "Y tendrás un hijo, y le pondrás por nombre Jesús. Se llamará así porque salvará a su pueblo de sus pecados" (1:21). Está bien claro que la misión de Jesús es salvarnos de nuestros pecados.

La Respuesta De La Virgen María Al Anuncio

La forma en que respondió la virgen María al mensaje del ángel es un ejemplo muy inspirador para nosotros.

María mostró una mente abierta

San Lucas 1:28 dice: "El ángel entró en el lugar donde ella estaba y le dijo: ¡Te saludo favorecida de Dios el Señor está contigo!" La raíz de la palabra "favorecida" es la palabra gracia, la cual significa "favor inmerecido de Dios." La razón por la cual ella era favorecida y bendita se encuentra en la expresión: "El Señor está contigo." Esta gracia y esta bendición procedían de Dios mismo.

Tanto la aparición del ángel como sus palabras sorprendieron mucho a María. Ella nunca había tenido una experiencia como esta. Ella tampoco había escuchado palabras como estas. Por eso dice el versículo 29: "Cuando vio al ángel, se sorprendió de sus palabras, y se preguntaba qué significaría aquel saludo." Sin duda que ella estaba pensando, ¿Qué será esto? ¿Será este ángel verdaderamente un mensajero de Dios? ¿Por qué dice que soy favorecida?

A pesar de que esta era una experiencia nueva y que ella nunca había escuchado estas palabras, ella no cerró su mente sino siguió tratando de comprender el significado de todo esto. En vez de llegar a la conclusión que todo esto era muy extraño, ella continuó buscando la verdad. Ella hizo esto al mantener su mente y su corazón abiertos.

Al estudiar la Palabra de Dios encontramos enseñanzas que serán nuevas para nosotros. Además de esto, sentiremos la presencia de Dios en nuestros corazones como no la habíamos sentido antes. Es probable que a través de su Palabra Dios ponga en nuestros corazones un deseo de acercarnos más a El, de conocerle mejor o de cambiar algo en nuestra vida que no le complace a El. Para que esto llegue a ser una realidad en nuestras vidas necesitamos seguir el ejemplo de María y mantener una mente abierta a la Palabra de Dios.

María mantuvo una fe receptiva

En los versículos 30 y 31 encontramos el mensaje del ángel para María. Entonces el ángel le dijo: "María, no tengas miedo, pues tú gozas del favor de Dios. Ahora vas a quedar encinta: tendrás un hijo, y le pondrás por nombre Jesús." Lo que el ángel estaba diciendo parecía algo imposible. Esto es lo que hace que ella pregunte: "¿Cómo podrá ser esto, si no vivo con ningún hombre?"(v.34).

El hecho de que María estaba haciendo preguntas no significa que ella no tenía fe. Ella no tenía duda que Dios podía hacer esto. La única pregunta que ella tenía era, ¿cómo podrá ser esto? Su fe era una fe receptiva. No comprendía todos los detalles pero estaba dispuesta a aprender.

El hacer preguntas no es señal de falta de fe. Es importante que comprendamos las enseñanzas de la Palabra de Dios. Para lograr esto tenemos que hacer preguntas. Hay personas que dicen: "No importa en qué creamos, con tal de que tengamos fe." Esa es una fe ciega y peligrosa que puede engañar a las personas. No es suficiente creer. Es muy importante saber en qué creemos. La fe firme es una fe que está basada en las enseñanzas y el las promesas de Dios. Pero, para comprender estas enseñanzas y estas promesas es necesario que estudiemos su Palabra y hagamos preguntas. A través de su ministerio aquí en la tierra, nuestro Señor Jesucristo nunca se ofendió cuando las personas le hicieron preguntas sinceras. El siempre tomó el tiempo para contestarlas.

En estos estudios van a surgir muchas preguntas. Debemos sentirnos libres para preguntar acerca de lo que no comprendemos. A la vez debemos mantener una fe receptiva a lo que Dios quiere enseñarnos y lo que quiere hacer en nuestras vidas.

María manifestó una obediencia admirable

Lo que el ángel dijo a María iba a cambiar su vida por completo. El tener un hijo le podría causar problemas enormes.

¿Qué diría la gente sabiendo que ella estaba desposada pero ahora estaba embarazada? ¿Cómo iba a reaccionar José? ¿La rechazaría él pensando que ella le había sido infiel? Además de esto ¿qué tan preparada estaba ella para aceptar la responsabilidad no sólo de dar a luz al Hijo de Dios sino de criarlo y de guiarlo hasta que él creciera y comenzará su misión? Sin duda, muchas preguntas pudieron haber inundado la mente de María.

El ángel le contestó sus preguntas cuando le dijo: "Para Dios nada hay imposible" (v.37). Al escuchar esto María contesto: "Yo soy esclava del Señor; que haga conmigo como me has dicho" (v.38). María manifestó una obediencia maravillosa. Ella estaba dispuesta a someterse a la voluntad de Dios. No le importó cuan alto fuera el costo, ella estaba dispuesta a obedecer la palabra de Dios.

¡Qué sumisión tan admirable la de María! Ella nos inspira a buscar, a comprender y a obedecer la voluntad de Dios.

Al continuar este estudio de la Palabra de Dios hagamos una decisión de imitar este ejemplo tan hermoso de María.

Pensemos en las implicaciones de esto para nuestras vidas y hagamos las siguientes preguntas:

¿Me propongo . . .

1. Mostrar una mente abierta para aprender las enseñanzas de la palabra de Dios?

2. Mantener una fe receptiva sabiendo que aunque no lo comprendo todo, Dios me ayudará a encontrar las respuestas para mis preguntas?

3. Manifestar una sumisión humilde a la voluntad de Dios sabiendo que El desea lo mejor para mí?

Concluyamos esta hermosa lección con el Padre Nuestro. Al hacerlo demos atención especial a la frase: "Sea hecha tu voluntad, así en el cielo como en la tierra" (Mateo 6:10)

Verso Bíblico Para Memorizar

"María tendrá un hijo, y le pondrás por nombre Jesús. Se llamará así porque él salvará a su pueblo de sus pecados." (Mateo 1:21) como prueba que el mismo Dios que hizo posible que Isabel concibiera en su vejez iba a hacer posible que ella, como una virgen, diera a luz al hijo de Dios (Lucas 1:27).

Después de oír esto, María "fue de prisa" a una ciudad de Judá a visitar a Isabel (v. 39). Su prisa sin duda fue producida por el deseo de felicitar a su prima por el inminente nacimiento de su niño. Ella quería ver directamente evidencia del milagro que Dios estaba realizando. Sin embargo, su mayor motivación para visitar a Isabel, era para buscar confirmación de su fe según lo que el ángel le había dicho. Ella también quería recibir ánimo y apoyo de su prima durante este tiempo transitorio en su vida y mientras que ella escudriñaba su alma.

La Respuesta de Isabel a la Visita de María (vs. 41-45)

Desde el mismo momento en que María llegó a la casa, Isabel experimentó varias cosas que le confirmaron que algo muy especial estaba por ocurrir.

El Bebé Saltó en el vientre de Isabel (v. 41)

En niño en el vientre de Isabel iba a ser conocido como "Juan." Él iba a tener una misión muy especial. El ángel ya le había dicho a Zacarías:

> Hará que muchos de la nación de Israel se vuelvan al Señor su Dios. Este Juan irá delante del Señor; con el espíritu y el poder del profeta Elías, para reconciliar a los padres con los hijos y para los rebeldes aprendan a obedecer. De este modo preparará al pueblo para recibir al Señor (Lucas 1:16,17.)

La misión de Juan el Bautista iba ser preparar la gente para oír y responder al mensaje de Jesús, el Hijo de Dios. Es verdaderamente extraordinario notar que la criatura que estaba en su sexto mes de desarrollo en el vientre de su madre saltó al oír la voz de la que iba a dar luz al salvador del mundo. Esto no fue una coincidencia. El mismo Dios que estaba involucrado en la creación de Juan el Bautista estaba realizando un milagro en el vientre de María a fin de que un ser muy especial con una mezcla de naturaleza divina y naturaleza humana pudiera venir al mundo para salvarnos de nuestros pecados. En otras palabras, en su sabiduría infinita, Dios estaba coordinando estos eventos para que hubiera una persona que preparara el camino para el ministerio de su hijo Jesucristo, y esta persona ya estaba expresando excitación aunque todavía no había nacido. Juan el Bautista, quien aun no había nacido, ya estaba rindiendo homenaje al salvador del mundo.

Meditemos:

1. ¿Creemos en verdad que Dios tiene la sabiduría y el poder para guiarnos en nuestras vidas cotidianas?

2. ¿Si lo creemos, que evidencia tenemos de esto en los eventos que han ocurrido en nuestras vidas?

3. ¿Puede este estudio bíblico ser usado por Dios para atraernos hacia Él y para que entendamos su plan para nuestras vidas?

Isabel fue llena del Espíritu Santo (v. 41)

En toda la Biblia, "ser lleno del Espíritu Santo," significa que la gente experimenta la presencia de Dios en sus vidas. La expresión era usada con frecuencia para describir la experiencia de los profetas del Antiguo Testamento quien eran llenados con la presencia de Dios y eran capacitados para comunicar el mensaje de Dios. Por ejemplo, el profeta Isaías fue capaz de predecir cientos de años de antemano que "la virgen concebirá, y dará a luz un hijo, y llamará su nombre Emmanuel" (Isaías 7:14). Ser lleno del Espíritu Santo también resultó en recibir sabiduría, fuerza, y valentía para vivir para Dios. Jesús dijo, "Pero cuando venga el Espíritu de la verdad, él los guiará a toda verdad..." (Juan 16:13). Cuando ella fue llena del Espíritu Santo, Isabel fue capacitada para entender lo que estaba ocurriendo en la vida de María y el significado del bebé a quien ella iba a tener."

Meditemos:

1. ¿Consiste nuestra experiencia religiosa principalmente de saber algo de Dios y tratar de vivir según una colección de reglas?
   _____
   _____

2. ¿Estamos experimentando la presencia de Dios en nuestras almas de tal manera que recibimos paz, consuelo, orientación, y esperanza en nuestras vidas?
   _____
   _____

Isabel Reconoció la Bendición de María

Llena del Espíritu Santo, Isabel reconoció la bendición que María había recibido de Dios: "Bendita tú entre las mujeres, y bendito el fruto de tu vientre" (v. 42). Esto fue un modo de expresar la bendición de María de una forma superlativa. El significado fue "¡tú, mujer mas bendita!" La bienaventuranza de María consiste en el hecho que Dios la escogió para ser la madre de su Hijo. Isabel, llena del Espíritu Santo, reconoce el hecho de que Dios ha bendecido a María en una manera muy especial.

Entonces ella explica por qué María había sido bendecida: "Dichosa tú por haber creído" (v. 45). María había creído el mensaje que el ángel le había dado. Aunque la idea de una virgen dando a luz era totalmente imposible de una perspectiva humana y el pensamiento que ella había sido escogida le sorprendió completamente, ella escogió creer el mensaje de Dios. La palabra que es usada aquí para "creer" en realidad significa, "confiar." A pesar del carácter sorprendente del mensaje, María confió en Dios para su vida y su futuro.

María había sido seleccionada para un honor muy especial, pero este honor traía con él una responsabilidad enorme. Ella daría luz a un niño aunque ella no estaba casada. Era posible que enfrentara el desprecio y la burla de la gente que no entendía. Ella enfrentaría muchas incertidumbres en cuanto la misión de su hijo, sin embargo ella creyó. Por eso fue que Isabel la llamó bienaventurada. Porque María creyó, ella recibió la bendición de Dios.

"El Misericordioso"

Porque Dios es completamente santo, Él hizo posible el nacimiento del Salvador sin pecado. Sin embargo, esta santidad de Dios está acompañada por su misericordia. Si Dios fuera solamente santo, Él no querría tener nada que ver con nuestro mundo pecaminoso. Sin embargo, es su misericordia la que lo motiva a tener compasión hacia nosotros que estamos en desgracia como resultado de nuestro pecado y culpabilidad. La misericordia de Dios lo motivó a mandar a su Hijo para salvar una humanidad perdida y moribunda. Esta misericordia no se demostró solamente durante la vida de María. Se extiende "de generación a generación." Esto significa que la misericordia de Dios esta disponible a nosotros hoy.

La misericordia de Dios no se aplica a todos. Es aplicada solamente a aquellos "quienes le temen." Temer a Dios es tener temor reverencial de Él, reconocer su majestad y grandeza, y tratar a Dios y sus mandamientos con respeto. Significa ser tan conmovido por el poder, la santidad, el amor, y la gracia de Dios, que lo honramos y obedecemos con un profundo sentido de reverencia. Si nos acercamos a Dios con un espíritu de reverencia, experimentemos su misericordia y su perdón. María alaba a Dios por su misericordia.

"El Justo"

El que es poderoso, santo, y misericordioso es justo también. Dios se opone a los arrogantes, los opresores, y aquellos quienes ponen su confianza en posesiones materiales.

María entonces describe las acciones de Dios que se realizan contra aquellos quienes no tienen un espíritu de

Meditemos:

1. Jesús dijo, "Pero a quienes lo recibieron y creyeron en él, les concedió el privilegio de llegar a ser hijos de Dios" (San Juan 1:12).

2. Creer en Jesús significa confiar en Él nuestras vidas y nuestro destino eterno. Significa recibirlo como nuestro salvador porque Él es el único que murió por nosotros.

3. ¿Hemos ido más allá de solamente saber que Jesús existe a tener una relación personal de fe y confianza en Él?

_____

_____

Isabel Reconoció las Bendiciones de Dios Sobre Jesús

Además de reconocer la bendición de María, Isabel reconoce que el favor y el interés de Dios serían con Jesús para siempre. Ella dijo, "Bendito el fruto de tu vientre" (v. 42). Esta fue una referencia a Jesús quien iba a nacer después de Juan el Bautista. Por medio de la fe, Isabel ya celebraba el hecho que Jesús iba a nacer, aunque no había señales visibles en ese tiempo que María estaba embarazada. Ella expresó confianza completa que el mensaje del ángel se iba a realizar. Ella dijo, "¡Dichosa tú por haber creído que han de cumplirse las cosas que el Señor ha dicho!" (v. 45). Isabel expresó confianza que la meta mayor de Dios comunicada a María por el ángel se iba a cumplir totalmente. Comenzaría con la concepción de Jesús y continuaría por medio de la vida y ministerio del santo Salvador.

Isabel también demostró su fe cuando se refirió a María como "la madre de mi Señor" (v. 43). Isabel había aprendido por experiencia que Dios era capaz de hacer milagros y que se puede confiar en Él para cumplir sus promesas. La evidencia estaba en su propio vientre, pues ella ya estaba embarazada por seis meses con el niño quien se le había prometido a ella y a su esposo. Isabel también estaba conciente de la promesa de un salvador que se le había dado al pueblo de Dios. Ella sabía que el bebé que iba a nacer de la virgen María iba a ser su Salvador y Señor.

La Reacción de María al Favor de Dios (vs. 46– 56)

Indudablemente María fue conmovida por la reacción de gozo y excitación de parte de Isabel en cuanto la noticia del futuro nacimiento de Jesús. La fe de Isabel había traído dulce consuelo y seguridad a su alma. Sin embargo, María estaba aun más profundamente conmovida por la manera en cual Dios había tratado con ella y el significado de la vida y el ministerio del bebé a quien ella iba a dar luz.

María Alaba a Dios por ser su Salvador (vs. 46,47)

Las palabras de Isabel habían sido dirigidas a María. Sin embargo, las palabras de María son dirigidas a Dios. Las palabras de Isabel son una continuación del mensaje del ángel a María. Las palabras de María son una continuación y ampliación de su respuesta al ángel. María dijo: "Mi alma alaba la grandeza del Señor." Ella alaba a Dios por todo lo que Él ha hecho y se regocija en la salvación que vendrá al mundo por medio de la persona de Jesús. Su alabanza viene de su alma, desde la misma profundidad de la vida que anima su cuerpo.

María continúa diciendo, "Mi espíritu se alegra en Dios mi Salvador." María no solamente magnifica a Dios y cuenta de su grandeza, sino que también se regocija en el hecho que la salvación viene por medio de Él. Un salvador es uno quien rescata, libra de peligro de muerte y coloca en un estado permanente de seguridad. Al decir estas palabras, María demuestra el hecho que ella entiende el plan de Dios con respecto a la misión de Jesús como salvador del mundo.

María Alaba a Dios por Escogerla (v. 48)

Además de alabar Dios por ser su salvador, María alabó a Dios por escogerla. Ella dijo: "Porque Dios ha puesto sus ojos en mí, su humilde esclava." María reconoció el hecho que ella no era digna de ser el instrumento de Dios para la encarnación de su Hijo, Jesús. En la mente de María, Dios podría haber escogido a una persona nacida en la alta sociedad, una reina poderosa, una hija de una princesa o incluso la hija de un líder religioso más destacado en la nación de Israel. En cambio, Dios escogió a una doncella de estado humilde. María era muy consciente de su condición humilde. Ella ya había demostrado este conocimiento cuando en la contestación al ángel se refirió a sí misma como "la esclava del Señor" (v.38). Ella estaba pasmada que a pesar de su condición humilde Dios se había fijado en ella y la había escogido para un privilegio tan glorioso. El hecho que Dios mostrara gracia hacia su condición humilde, también nos da grande esperanza que él mirará nuestra condición con gracia, si nosotros aparecemos ante él con un espíritu de humildad como lo hizo María.

El asombro de María por el hecho que ella fue escogida por Dios se reconoce en su declaración, "y desde ahora siempre me llamarán dichosa" (v. 48). La idea que ella sería considerada como una persona que había recibido el favor de Dios no se originó con María. Ella simplemente estaba repitiendo lo que el ángel le había dicho (vea el versículo 28). Su secreto cesaría de ser secreto. Su hijo nacería. Él vendría como el salvador del mundo. Todas las generaciones venideras sabrían de Él. Al aprender de su historia, sabrían que Dios había escogido a una doncella humilde para ser la madre terrenal de su hijo Jesucristo.

Meditemos:

1. ¿Tenemos nosotros el espíritu de humildad que María demostró?

   _____
   _____

   La Biblia enseña claramente que es solamente cuando nosotros reconocemos nuestra indignidad que estamos en una posición para recibir la bendición de salvación de Dios. Jesús ilustró este espíritu en las palabras del hijo pródigo: "he pecado contra Dios y contra ti; ya no merezco llamarme tu hijo" (Lucas 15:21).

2. ¿Estamos siguiendo el ejemplo de María de no enfocar la atención de las personas en nosotros mismos, sino en Dios?

   _____
   _____

   Esto es reflejado en su declaración: "Mi alma alaba la grandeza del Señor; y mi espíritu se alegra en Dios mi Salvador" (vs. 46,47).

María Alaba a Dios por las Cosas Grandes que Él Había Hecho (vs. 49-55)

Al usar el plural, María se refiere a las muchas cosas que Dios había hecho. Estas cosas grandes incluían el hecho de que Dios la había escogido, había mandado el ángel, había causado la milagrosa concepción, y había revelando estas cosas a Isabel.

"El Todopoderoso"

María reconoce el hecho que Dios es quien posee el poder y la habilidad para hacer estas cosas grandes. Los milagros que ella estaba experimentando solamente podían venir de Dios, El Poderoso. Nadie más pudiera causar que una mujer anciana diera a luz, como era el caso con Isabel, y nadie más pudiera hacer posible que una virgen concibiera un niño como fue su propio caso. Además, nadie, que no sea Dios mismo, pudiera realizar la encarnación del Salvador del mundo.

"Santo" es su nombre

María no solamente ve a Dios como "El Todopoderoso," sino que también como aquel cuyo nombre es "santo." Decir que Dios es santo significa que Él es absolutamente lo contrario del pecado. No hay absolutamente nada que es pecaminoso en su naturaleza y sus acciones. La palabra "santidad" también significa que Dios es separado y que todos aquellos quines son santos son separados para Dios. María se refiere a las palabras del ángel, "El Espíritu Santo vendrá sobre ti" y "el niño que va a nacer, será llamado Santo e Hijo de Dios" (v. 35) cuando ella habla de la santidad de Dios. La concepción de María se realizó por el santo poder de Dios; por lo tanto, Jesús nacería un ser santo, completamente libre del pecado. Solamente aquel cuyo nombre es "santo" podría realizar esto.

humildad y reverencia para con Dios. "Esparció a los soberbios en el pensamiento de sus corazones." Esto se refiere a aquellos quienes en el centro de su ser (su corazón) son arrogantes, escépticos, orgullosos, creyendo que saben más que lo que Dios sabe. Dios los ha esparcido porque no han tenido la humildad de reconocer a Dios en sus vidas. Lo mismo es verdad para aquellos quienes están en poder (los potentados) quienes usan su poder para oprimir la gente. Dios los ha derribado de sus tronos. También, Dios ha enviado vacíos a los ricos quienes ponen su confianza en sus posesiones. En otras palabras, Dios no les ha escuchado y sus vidas están espiritualmente vacías.

En contraste con estos, Dios ha exaltado a los humildes. La experiencia propia de María fue un testimonio al hecho de que Dios bendice a aquellos que tienen un espíritu humilde. Además, Dios ha saciado a los hambrientos con cosas buenas. Es expresada aquí con certeza la preocupación de Dios por aquellos quienes son físicamente pobres y destituidos. Sin embargo, esto también incluye la preocupación de Dios por aquellos quienes tienen hambre de una relación con Él. Aquellos quienes son humildes y reconocen su necesidad de Dios recibirán su misericordia.

María Alaba a Dios por Cumplir con sus Promesas a su Gente (v. 54)

Dios le hizo una promesa a Abraham que en él todas las naciones del mundo serían bendecidas (Génesis 12). Sin embargo, muchas generaciones ya habían pasado para cuando se le dio a María el mensaje del nacimiento del salvador del mundo. Aunque mucha gente pensaba que Dios se le había olvidado, María se regocija que esta promesa se estaba cumpliendo con la llegada de Jesús a este mundo. El hecho de recordar de parte de Dios consistía en hacer a María la madre de

Jesús cuyo reino de gracia duraría por siempre. La bendición del salvador no estaría solamente disponible a la descendencia de Abraham sino también a sus hijos espirituales en el mundo entero.

Meditemos:

Hay mucho que podemos aprender de María y su canción de alabanza a Dios.

1. María alabó a Dios por su majestad, misericordia, y hechos poderosos. ¿Cómo podemos seguir su ejemplo y alabar a Dios por todo lo que Él ha hecho al mandar a su Hijo Jesús para salvarnos de nuestros pecados?

   _____
   _____

2. María demostró un espíritu de humildad. Ella reconoció que no era digna de la bendición de Dios en haberla escogido para ser la madre de su Hijo Jesús. ¿Cómo podemos nosotros demostrar un espíritu de humildad reconociendo que no somos dignos del perdón y las bendiciones de Dios?

   _____
   _____

3. María no enfocó su atención en si misma. Ella siempre apuntaba hacia Dios como el que es digno de reverencia y adoración. Comenzó su canción de alabanza con las palabras, "Engrandece mi alma al Señor." ¿Cómo podemos seguir su ejemplo y enfocar nuestra adoración en Dios?

   _____
   _____

Verso Bíblico Para Memorizar:

"María dijo: Mi alma alaba la grandeza del Señor; mi espíritu se alegra en Dios mi Salvador" (Lucas 1:46,47).

Oración:

Querido Dios, siguiendo el ejemplo de María, yo quiero proclamar tu grandeza y quiero regocijarme en el hecho de que tú eres mi salvador, amén.

CAPÍTULO 3

LA NATIVIDAD DE JESÚS

(San Lucas 2:1-20)

No hay una historia más hermosa y más inspiradora que la del nacimiento de nuestro Señor Jesús. Cada navidad las personas tratan de representar este acontecimiento maravilloso a través de dramas, presentaciones corales, escenas del pesebre, decoraciones, pinturas y de muchas otras maneras. A pesar de todos estos esfuerzos, nada puede comunicar mejor el significado de este glorioso evento que el estudio de las Sagradas Escrituras. Allí encontramos una descripción clara y conmovedora acerca del nacimiento en el pesebre, el mensaje de los ángeles, el gozo de los pastores, y el homenaje de los reyes magos.

El Nacimiento De Jesús
(San Lucas 2:1-7)

El nacimiento de Jesús es la culminación de una serie de milagros. Como ya vimos en la lección pasada, la aparición del ángel y el anuncio de que una virgen daría a luz a un niño fueron acontecimientos sobrenaturales. Un milagro adicional es que el lugar donde Jesús iba a nacer fue anunciado setecientos años antes de su nacimiento. El profeta Miqueas había dicho: "En cuanto a ti, Belén Efrata, pequeña entre los clanes de Judá, de ti me saldrá un gobernante de Israel que desciende de una antigua familia" (5:2). ¿Cómo se podía cumplir esta profecía siendo que María y José no vivían en Belén sino en Nazaret? La respuesta la encontramos en San Lucas 2:1-5.

Vemos en los versículos 1 al 3 que Agusto Cesar, el

emperador de Roma, mandó que todos fuesen para ser contados en el censo (empadronados). Este censo se tomaba para cobrar los impuestos y para saber quiénes tenían la edad para servir en el ejército romano. Lo difícil de esto era que las personas tenían que regresar a su pueblo de nacimiento para ser contados en el censo. El versículo 4 nos explica que siendo que José era de la familia de David (el rey), él tuvo que ir a Belén. Pero él no fue solo sino que fue "junto con María, que estaba comprometida para casarse con él y se encontraba encinta" (v.5). Es muy interesante notar, pues, que Dios utilizó este censo para que nuestro Señor Jesús naciera en Belén (la ciudad donde había estado el palacio de David).

Al estar allí "le llegó el tiempo de dar a luz" (v.6). María y José no habían planeado estar en Belén para el nacimiento del niño Jesús. Pero en la providencia de Dios, ellos estaban en esa ciudad tan histórica y tan importante cuando se llegó el tiempo del nacimiento.

Para llegar a esta ciudad, José y María tuvieron que caminar 80 millas. Después de su llegada, ellos comenzaron a buscar un mesón para alojarse. En comparación con los hoteles de nuestro día, los mesones eran muy primitivos. Estos simplemente proveían espacios rústicos para dormir, para preparar sus propias comidas y un lugar separado para guardar a los animales. Porque habían llegado tantas otras personas para el censo, José y María "no había alojamiento para ellos en el mesón" y tuvieron que quedarse en el lugar donde se guardaban los animales (v.7).

Muchas personas hablan acerca del lugar donde nacieron. Algunos nacieron en un hospital, otros en sus hogares, pero pocos han nacido en un lugar tan humilde como un establo rodeados de asnos, ovejas y camellos. No había una camita limpia y suave en un cuarto calientito y adornado para el niño Jesús sino que lo acostaron sobre la paja en un pesebre. Por más que queramos adornar la escena de la navidad, no podemos escapar el hecho de que la cuna del hijo de Dios fue un pesebre donde comen los animales. Su deseo de manifestar el amor de Dios hacia nosotros fue tan grande que estuvo dispuesto a nacer como el más pobre de los pobres.

A pesar de las circunstancias en que nació el niño Jesús, sin duda había un gozo profundo en el corazón de María y de José al saber que se había cumplido el mensaje del ángel y el Salvador del mundo había nacido.

El Mensaje De Los Ángeles

Las personas importantes y ricas de la ciudad estaban muy envueltos en sus negocios para darse cuenta de lo que había acontecido esa noche. El mensaje del nacimiento fue dado a "unos pastores" (v.8). Los pastores de ovejas no eran considerados personas importantes en la sociedad judía de ese tiempo. Los judíos que se consideraban muy religiosos despreciaban a los pobres pastores porque ellos no seguían a perfección las reglas, costumbres y ceremonias de la ley judía. A pesar de esto, los pastores de la región de Belén desempeñaban una tarea muy importante al cuidar las ovejas que serían ofrecidas en los sacrificios del templo judío. Es muy probable que al llevar las ovejas al templo, ellos habían oído repetidas veces las partes de la Biblia que hablaban acerca del Salvador del mundo que iba a venir. Aunque no tenían mucho conocimiento acerca de su religión, ellos tenían corazones sencillos y sinceros. Por eso fueron escogidos para escuchar el primer anuncio del nacimiento del niño Jesús.

Como vemos en los versículos 9 al 11, un ángel apareció a estos pastores. Este ángel estaba rodeado de la gloria de Dios manifestada en una nube resplandeciente. Como podemos imaginarnos, al ver esto los pastores se asustaron. Pero el ángel calmó sus temores al darles el mensaje de la llegada de Jesús. Este mensaje fue muy importante por varias razones:

Un Mensaje de Paz

Primero, este fue un mensaje de paz. El ángel dijo a los pastores: "No tengan miedo". A través de su ministerio Jesús predicó un mensaje de paz. Repetidas veces él dijo a sus discípulos, "No se angustien ustedes" (Juan 14:1). El también les dijo: "Les dejo mi paz. Les doy mi paz, pero no se las doy como la dan los que son del mundo. No se angustien ni tengan miedo" (Juan 14:27). Porque Jesús vino a traer paz a los corazones se le llamó: "Principie de paz" (Isaías 9:6). Al estudiar el mensaje del ángel a los pastores es importante que nos preguntemos: ¿Tengo paz en mi corazón? Si me muero esta noche, ¿tengo la tranquilidad en mi corazón que estoy preparado para encontrarme con Dios? ¿Que necesito hacer para alcanzar esa paz?

Un Mensaje de Gozo

Segundo, este es un mensaje de gozo. El ángel dijo a los pastores: "Por que les traigo una buena noticia, que será motivo de alegría para todos" (v.10). Este era un mensaje de gozo porque traía buenas nuevas que Jesús había nacido. También era un mensaje de gran gozo porque era para todo el pueblo. Los pastores a quienes los líderes religiosos habían excluido ahora eran incluidos en el plan de Dios. Este mensaje "para todos" también nos incluye a nosotros. A veces sentimos que no somos merecedores y tratamos de hacer algo para alcanzar el favor y la misericordia de Dios. Pero el mensaje del ángel nos asegura que Dios nos envió a su hijo para comunicarnos que él nos ama mucho y quiere que recibamos su ayuda y sus bendiciones. De nuevo, al estudiar este relato debemos preguntarnos, ¿Cuánto gozo tengo en mi corazón? Jesús vino para traer gozo a nuestras vidas. Jesús dijo: "Les hablo así para que se alegren conmigo y su alegría sea completa" (San Juan 15:11). El explica que este gozo viene cuando estamos unidos a él, como el sigue unido a nosotros (v.4). Esto significa que lo hemos invitado a venir a nuestro corazón y a guiar nuestras vidas.

Un Mensaje de Salvación

Tercero, este es un mensaje de salvación. El ángel dijo a los pastores: "Hoy lea ha nacido en el pueblo de David un salvador, que es el Mesías, el Señor" (v.11). En aquel tiempo muchos judíos estaban buscando un salvador político para que los libertara del imperio romano. Otros estaban buscando un salvador para que los libertara de sus enfermedades y sus limitaciones físicas. Pero el mensaje del ángel es el de un Salvador que los libertaría de la esclavitud del pecado y de la muerte. Hoy día también hay muchos que están buscando salvadores. Personas que les puedan libertar de las cosas que les esclavizan y les oprimen tales como los vicios, los temores, las enfermedades y el sentir de culpa. Ninguno de ellos puede salvarles como Jesús. Sólo Jesús puede salvarnos de nuestros pecados, de una vida confusa y sin propósito y de la condenación eterna. A la luz del mensaje del ángel es importante que nos preguntemos, ¿He recibido a Jesús como mi Salvador?

La Señal del Ángel

El ángel no sólo les dio un mensaje sino que les dio una señal: "Encontraréis ustedes al niño envuelto en pañales, acostado en un establo" (v.12).

Este ángel fue acompañado por un coro de ángeles que cantaban: "¡Gloria a Dios en las alturas! ¡Paz en la tierra entre los hombres que gozan de su favor!" En aquel tiempo se acostumbraba pagar a cantantes para que celebrasen el nacimiento de un niño. Es muy hermoso pensar que el niño Jesús que nació en una situación tan pobre no recibió una serenata por cantantes terrenales (como se acostumbraba entonces) pero una serenata de ángeles celestiales enviados por el Padre celestial.

La Fe de los Pastores

Debemos admirar la fe de los pastores. Después de haber recibido el mensaje del ángel, ellos no se quedaron discutiendo si lo que habían visto era cierto o no. Inmediatamente ellos decidieron ir a Belén para ver lo que había acontecido (v.15). Vemos en ellos una actitud similar a la de María. Ellos creyeron y obedecieron.

Por su fe sencilla ellos "encontraron a María y a José, y al niño acostado en el establo" (v.16). Cuando llegaron los pastores al pesebre y contaron lo que habían visto y oído, sin duda el corazón de María y el de José se llenaron de gozo al saber que el Padre celestial se había encargado de anunciar el nacimiento de Jesús. Los pastores, quienes eran considerados los más insignificantes, también se llenaron de gozo por tener el privilegio de ser los primeros en ver a Jesús (v.20). En la Biblia encontramos que, vez tras vez, Jesús admiró, no a los que tenían más conocimientos religiosos sino a los que tenían una fe sincera así como los pastores.

La Adoración de los Pastores

El nacimiento de nuestro Señor Jesús fue un evento muy alegre. El ángel dijo a los pastores que traía "buenas noticias que será motivo de gran alegría para todos" (v.10). El coro de ángeles cantó gozosamente "¡Gloria a Dios en las alturas!" (v.14). Al llegar al establo, los pastores observaron el gozo profundo en los corazones de María y de José. Y después de haber visto el rostro divino del niño Jesús, los pastores "regresaron dando gloria y alabanza a Dios" (v.20).

Toda esta escena del nacimiento está llena de gozo. Pero hay una expresión muy triste allí. Esta es la que dice: "Y lo acostó en el establo, porque no había alojamiento para ellos en el mesón" (v.7). Es triste que el hijo de Dios tuviera que nacer entre los animales porque los seres humanos no le dieron lugar en sus hogares. Lo triste de esto es que esta escena se repite todos los días porque hay muchas personas que no tienen lugar en sus corazones para Jesús. Así como María y José fueron de puerta en puerta buscando morada para que naciera el hijo de Dios, Jesús está buscando morada en nuestro corazón. Jesús dice: "Mira, yo estoy llamando a la puerta, si alguien oye mi voz y abre la puerta, entraré en su casa, y cenaremos juntos" (Apocalipsis 3:20).

Que hermoso el pensar que, en una manera espiritual, nosotros podemos invitar a Jesús que venga a vivir en nuestros corazones y a acompañarnos en la caminata de la vida. Esta idea la encontramos en un cántico que dice:

> Tú dejaste tu trono y corona por mí
> al venir a Belén a nacer.
> Mas a ti no fue dada la entrada al mesón
> Y en pesebre te hicieron nacer.
> Ven a mi corazón o Cristo
> Pues en él hay lugar para ti.
> Ven a mi corazón o Cristo, ven
> Pues en él hay lugar para ti.

Nosotros recibiremos el gozo del cual cantaron los ángeles y que experimentaron los pastores si invitamos a Cristo que venga a morar en nuestros corazones.

Verso Bíblico Para Memorizar:

"Mira, yo estoy llamando a la puerta, si alguien oye mi voz y abre la puerta, entraré en su casa, y cenaremos juntos" (Apocalipsis 3:20).

Oración:

Querido Jesús, me entristece saber que tuviste que nacer en un pesebre porque la gente estaba tan ocupada y tan envuelta en sus propias actividades que no tuvieron lugar para ti. Yo te invito que vengas a mi corazón y que me guíes para que pueda disfrutar de tu presencia y vivir para ti. Gracias por oír mi ruego, amén.

CAPÍTULO 4

LA PRESENTACION DE JESUS

(San Lucas 2:21-38)

La pareja cristiana sabe que el nacimiento de un hijo tiene que ser un regalo de Dios. Al pensar en el gran privilegio y la gran responsabilidad que ellos han asumido, no pueden menos que dedicarse a sí mismos y dedicar a su hijo al Creador del universo. Este acto les ayuda a reconocer que su hijo realmente pertenece a Dios y que ellos necesitan su ayuda para criarlo en su camino.

El pueblo de Dios tenía una ceremonia para dedicar a sus niños a Dios: la presentación en el templo. Para comprender mejor la presentación de Jesús en el templo vamos a ver lo que dice San Lucas acerca de la preparación para la presentación, el significado de la presentación y el mensaje en la presentación.

La Preparación Para La Presentación

En el evangelio de San Lucas encontramos una descripción de la preparación que se hacía antes de presentar a un niño en el templo.

La Preparación Del Niño

San Lucas dice: "A los ocho días circuncidaron al niño y le pusieron por nombre Jesús, el mismo nombre que el ángel había dicho a María antes que ella estuviera encinta" (2:21).

De acuerdo con la ley de Dios para el pueblo judío, los varones eran circuncidados al octavo día. Esta era una ceremonia muy sagrada que indicaba que el niño era recibido como un miembro del pueblo escogido de Dios. Aunque Jesús, como hijo de Dios, no tenía que ser iniciado al pueblo de Dios, esto se hizo para que cumpliera la ley del Señor. La vida de nuestro Señor Jesucristo fue una de completa obediencia al Padre Celestial. El que nos enseño a orar "Hágase tu voluntad así en la tierra como en el cielo" comenzó su vida en obediencia y la terminó diciendo en el huerto de Getsemaní: "Padre, si quieres, líbrame de este trago amargo, pero que no se haga mi voluntad sino la tuya" (Lucas 22:42).

Además de ser integrado a la familia de Dios, el niño recibía su nombre durante la ceremonia de la circuncisión. En el caso de este niño, no tuvieron que buscar un nombre. El ángel ya se los había dado. El ángel había dicho: "Y le pondrás por nombre Jesús, y se llamará así porque salvará a su pueblo de sus pecados" (San Mateo 1:21). El nombre de Jesús indicaba su misión. El vino para salvarnos de nuestros pecados. Al hacer este estudio es importante que nos preguntemos, ¿Se ha cumplido la misión de Jesús en mi vida? ¿Me ha salvado de mis pecados?

La Preparación De La Madre

San Lucas agrega: "Cuando se cumplieron los días en que ellos debían purificarse, según las ceremonias de la ley de Moisés, llevaron al niño a Jerusalén para presentárselo al Señor" (2:22).

La preparación para la presentación incluía la purificación de la madre. La ley que Dios había dado a Moisés indicaba que si nacía un hijo, tenía que haber un período de ocho días para la purificación de la madre y de treinta y tres antes de que ella pudiera entrar en el templo (Levítico 12:1-8).

En la ceremonia de la purificación los padres debían dar un cordero para una ofrenda quemada (holocausto) y una tórtola para expiación de pecado. Si las personas no tenían suficiente dinero para comprar un cordero, se les permitía traer dos tórtolas o dos pichones de paloma (Levítico 12:8). A esta se le llamaba la ofrenda de los pobres. Esto revela que Jesús creció en un hogar pobre donde no había ningún lujo, donde las comidas eran humildes y donde tenían que trabajar mucho para ganarse el pan cotidiano. La Palabra de Dios nos explica por qué comprende Jesús nuestra situación: "Pues nuestro sumo sacerdote puede compadecerse de nuestra debilidad, porque él también estuvo sometido a las mismas pruebas que nosotros sólo que él jamás pecó" (Hebreos 4:15). Porque desde su niñez Jesús supo lo que era tener hambre, sed, frío, dolor, angustia y ansiedad, él se puede compadecer de nosotros. Por eso podemos clamar a él cuando tenemos necesidad. La Biblia agrega: "Acerquémonos, pues, con confianza al trono de nuestro Dios amoroso, para que él tenga misericordia de nosotros y en su bondad nos ayude en la hora de necesidad" (Hebreos 4:16). Si usted tiene un sufrimiento, una preocupación, un sentimiento de culpa, un sentimiento de soledad o cualquiera que sea su problema, tome un momento ahora mismo para contárselo a Jesús, sabiendo que él comprende su situación.

La Preparación Del Padre

La palabra de Dios enseña que José no fue el padre biológico de Jesús. El hijo de Dios nació como resultado de la obra del Espíritu Santo. José, no obstante, fue el instrumento de Dios para proveer un hogar en el cual Jesús pudiera crecer y prepararse para la misión de su Padre Celestial. José, pues, estaba presente en la presentación del niño Jesús. Además de esto, él también se purificó para este acto solemne. San Lucas dice: "Y cuando se cumplieron los días en que ellos debían purificase" (2:22), lo cual implica que José también se purificó. ¡Qué ejemplo tan hermoso el de esta pareja! Tres veces en este capítulo San Lucas dice: "conforme a la ley." Ellos mostraron su obediencia a la ley del Señor en todo lo que hicieron.

La presentación de un niño debe incluir la dedicación de los padres para seguir su camino de Dios y dar la clase de ejemplo que su hijo que honre al Padre Celestial.

Tomemos tiempo para preguntarnos:

1. ¿He dedicado mi vida a Dios para que mi familia también se dedique al Él?

2. ¿Estoy dando el tipo de ejemplo a mi familia que honra a Dios e inspira a otros a acercarse a Él?

El Significado De La Presentación

Aunque se siguieron todos los requisitos prescritos por la ley del Señor, la presentación de Jesús fue diferente a la de todos los niños hebreos de aquel tiempo. La naturaleza de Jesús era diferente, pues él es el Hijo de Dios. La misión de Jesús era diferente, pues él vino a este mundo con un propósito especial. Como dice San Lucas: "En aquel tiempo vivía en Jerusalén un hombre que se llamaba Simeón. Era un hombre justo, que adoraba a Dios y esperaba la liberación de Israel. El Espíritu Santo estaba con Simeón y le había hecho saber que no moriría sin antes ver al Mesías a quien el Señor enviaría" (Lucas 2:25-26). En estos versículos y en los que siguen a Simeón describe el propósito con el cual vino Jesús a este mundo.

Jesús Presentado Como La Consolación (v.25)

El pueblo de Dios tenía la esperanza de que un día vendría el Mesías y que su venida sería un consuelo para ellos. A través de su ministerio, Jesús fue un consuelo para las personas afligidas. Bartimeo, el ciego clamó: ¡Jesús, Hijo de David, ten compasión de mí! Jesús se detuvo, habló con él y le dio la vista (San Lucas 18:35-43). "Señor, si hubieras estado aquí mi hermano no habría muerto" fueron las palabras que le dijo María, la hermana de Lázaro (San Juan 11:32). Al oír esto el espíritu de Jesús se "se conmovió profundamente y se estremeció" (v.33) y luego "Jesús lloró" (v.35), pero este no fue el fin, Jesús volvió a Lázaro a la vida (v.44). Jesús no sólo trajo gran consuelo a las personas en aquel tiempo sino que nos consuela a través de su Espíritu. Antes de irse al cielo Jesús dijo a sus discípulos: "Yo le pediré al Padre que les mande otro Defensor, el Espíritu de la verdad para que esté siempre con ustedes" (San Juan 14:16). Por medio de su Espíritu, Jesús está con nosotros cada momento de la vida para darnos consuelo, paz y dirección. Si hay un pesar en tu vida, si has perdido a un ser querido, si te sientes triste y desconsolado, invita a Jesús para que traiga consuelo a tu corazón. Pensemos acerca de esto ahora mismo:

1. ¿Hay tristeza en mi vida y necesito que Cristo me consuele?

2. ¿Siento tristeza por la pérdida de un ser querido?

3. ¿Me siento desesperado por alguna situación en mi vida?

4. ¿He invitado a Cristo para que traiga consolación a mi vida?

Jesús Presentado Como El Mesías

A Simeón se le había prometido que "no moriría antes de ver al

Mesías" (San Lucas 2:26). En aquel tiempo se ponía aceite de oliva en la cabeza de una persona para dedicarla para una tarea especial. El profeta Samuel, por ejemplo, ungió a David para indicar que Dios lo había escogido para ser el rey de Israel (1 Samuel 16:13). Jesús es presentado aquí como el "ungido del Señor," lo cual significa que él fue separado para una misión especial. Jesús explicó esto cuando comenzó su ministerio. El dijo: "El Espíritu del Señor está sobre mí porque me ha consagrado para llevar la buena noticia a los pobres; me ha enviado a anunciar libertad a los presos y dar luz a los ciegos; a poner en libertad a los oprimidos; a anunciar al año favorable del Señor" Lucas 4:18-19).

Jesús Presentado Como La Salvación

Simeón continúa diciendo: "Porque ya he visto la salvación" (v.30). Jesús manifestó su comprensión de su misión salvadora cuando dijo: "Pues el Hijo del hombre ha venido para buscar y a salvar lo que se había perdido" (Lucas 19:10). Estar perdido significa no tener una relación correcta con Dios, vivir en un estado de rebelión contra Dios, no tomar a Dios en cuenta en nuestras vidas, permitir que el pecado controle nuestras vidas y no vivir de acuerdo con el propósito para el cual Dios nos creó.

Para libertarnos de esta condición perdida, Jesús vino, murió por nuestros pecados, resucitó al tercer día y ahora está a la diestra de Dios intercediendo por nosotros. La salvación que Jesús nos ofrece incluye perdón de pecados, liberación de la influencia de Satanás en nuestras vidas, transformación de nuestro carácter, la presencia de Cristo cada momento en nuestros corazones y la seguridad de que estaremos con él cuando pasemos de esta vida a la eternidad.

A la luz de estas verdades es importante que nos

preguntemos:

1. ¿Le he pedido a Cristo que me perdone mis pecados?

2. ¿Le he pedido a Cristo que me liberte de la influencia de Satanás en mi vida?

3. ¿Le he pedido a Cristo que cambie mi carácter?

4. ¿Le he pedido a Cristo que esté conmigo cada momento?

5. ¿Le he pedido a Cristo que me dé la seguridad que cuando yo muera estaré con Él en el cielo?

Es muy importante que sepamos que Jesucristo es el único salvador de la humanidad. Aunque ha habido muchas personas piadosas y muy religiosas, ninguna de ellas ha sido ungida por Dios para salvar a la humanidad. Ninguna de estas ha muerto por nuestros pecados y ninguna de ellas ha resucitado de la muerte.

Jesús Presentado Como Luz Para Revelación De Las Naciones

Simeón describe a Jesús como la "luz que alumbrará a las naciones" (Lucas 2:32). La palabra gentiles se usa muchas veces en la Biblia para referirse a las naciones del mundo. Esto significa que Jesús vino para ofrecer salvación a todas las personas del mundo. Hay personas que se sienten excluidas por que no se creen merecedores. Lo cierto es que ningún ser humano es merecedor. La palabra de Dios dice: "Pues todos han pecado y están lejos de la presencia salvadora de Dios" (Romanos 3:23). Ninguno de nosotros merece el perdón y el favor de Dios. Por eso es que Dios ha hecho provisión para nosotros por medio de su Hijo Jesucristo. La Biblia agrega: "Pero Dios prueba que nos ama, en que, cuando todavía éramos pecadores, Cristo murió por nosotros" (Romanos 5:8). Nuestra parte no es tratar de hacer algo bueno para alcanzar el favor de Dios, sino aceptar lo que Cristo ya hizo por nosotros. Hablando acerca de Jesús dice San Juan: "Pero a quienes lo recibieron y creyeron en él, les concedió el privilegio de llegar a ser hijos de Dios" (1:12). La pregunta, pues, con la cual podemos concluir este estudio tan hermoso es: ¿He recibido a Cristo en mi corazón?

Verso Bíblico para Memorizar:

"Pero a quienes lo recibieron y creyeron en él, les concedió el privilegio de llegar a ser hijos de Dios" (Juan 1:12).

Oración:

Querido Jesús, te doy gracias porque viniste a ser la luz espiritual para todas las personas en el mundo. Ayúdame a recibirte y creer en ti para que me alumbres me des paz con Dios, amén.

CAPÍTULO 5

El NIÑO PERDIDO

(San Lucas 2: 40-51)

Después de dedicar a Jesús en el templo, José y María regresaron a Galilea. Ahí Jesús "crecía y se hacía más fuerte y más sabio, y gozaba del favor de Dios" (v. 40). Él creció físicamente en la manera más normal sin que nada impidiera el desarrollo de su cuerpo. Él creció intelectualmente de la misma manera y continuaba fortaleciendo su mente en sabiduría. El desarrollo de su mente y su alma no fue obstruido por ninguna consecuencia de pecado mientras él continuaba absorbiendo sabiduría de la palabra de Dios. Aunque su desarrollo físico era normal por el estándar humano, su desarrollo espiritual era infinitamente superior al del mero humano. Este versículo de las escrituras aclara que Jesús pasó por las varias etapas de desarrollo físico, mental, y espiritual como un ser divino vestido en una naturaleza humana.

La Biblia dice que él "gozaba del favor del Dios" (v. 40). Esto significa que Jesús era el recibía el favor de Dios en cada aspecto de su vida. Porque él fue sin pecado, Jesús vivió a la luz del sol del santo favor de Dios. Sus cualidades espirituales y mentales le dieron la capacidad de reconocer cada error y decepción. Él poseía la verdad en su medida total y podía dominar cada situación. La experiencia de Jesús en el templo en Jerusalén es como una foto instantánea que nos da un destelle de lo brillante que era Jesús y cómo, a los diez años de edad, él tenía entendimiento de la misión que Dios le había dado en esta tierra.

José y María fueron a Jerusalén (v. 41)

José y María iban a Jerusalén cada año. El propósito de su visita era asistir el festival judío de la pascua. Se esperaba que cada judío devoto fuera a Jerusalén para este importante festival histórico.

Este festival conmemoraba el milagro que contribuyó a la liberación del pueblo hebreo de Egipto. Dios había instruido a Moisés que cada casa debería ofrecer un cordero como sacrificio y "tomarán de la sangre, y la untarán sobre el marco de la puerta de la casa donde coman el animal" (Éxodo 12:7). Y Dios le hizo una promesa a los hebreos diciendo: "veré la sangre y pasaré de largo" (v. 13). Los egipcios, quienes mantenían a los hebreos como esclavos, y que repetidamente se negaron a cumplir con el mandamiento de Dios que lo libraran, recibieron el juicio de Dios y en una noche todos sus primogénitos fueron matados (v.29). Esto convenció a Faraón que debiera poner en libertad al pueblo hebreo (vs. 31, 32). La Pascua se volvió en un festival que el pueblo hebreo observaba para conmemorar su liberación por Dios de la esclavitud de los egipcios y para enseñarles a sus hijos el significado de este evento en la vida de la nación.

La devoción de José y María es demostrada en el hecho que hacían el viaje de ochenta millas a Jerusalén cada año para participar en este festival tan importante. Lucas 2:42 dice: "Así que cuando Jesús cumplió doce años fueron allá todos ellos como era costumbre en esa fiesta." La implicación es que este fue el primer viaje de Jesús a Jerusalén después de haber sido dedicado en el templo. Esto fue un viaje especial para ellos porque a esta edad un muchacho judío era considerado "un hijo de la ley" y se esperaba que aprendiera y observara.

José y María salieron de Jerusalén (v. 43)

En general, las celebraciones de la Pascua duraban siete días. Es obvio que ellos estuvieron ahí por el tiempo completo porque el versículo 43 dice: "Pero pasados aquellos días, cuando volvían a casa, el niño Jesús se quedó en Jerusalén sin que sus padres se dieran cuenta." A primera vista, parece inexcusable que José y María no sabían que Jesús no estaba con ellos. Sin embargo, la verdad es que la gente en estas peregrinaciones estaba acostumbrada a viajar en caravanas. Estas caravanas estaban compuestas de miembros de la familia, amigos, y otra gente del mismo pueblo o aldea quienes viajaban con mucho entusiasmo religioso y un espíritu de amistad genuino. El versículo 44 explica: "pensando que Jesús iba entre la gente, hicieron un día de camino, pero luego al buscarlo entre los parientes y los conocidos, no lo encontraron." Viajar un día entero, montado en un burro y a pie tomaba mucho esfuerzo y energía. Sin embargo cuando descubrieron que Jesús no estaba en su caravana, decidieron regresar y tratar de encontrarlo. Verso 45 dice: "Así que regresaron a Jerusalén para buscarlo allí."

Jesús fue encontrado en el templo (v. 46)

José y María estaban indudablemente muy preocupados por Jesús. En primer lugar, no sabían adonde estaba él. Solamente sabían que él no estaba con ellos. Seguramente lo buscaron por todo el camino regresando a Jerusalén. Cuando llegaron a la ciudad, lo buscaron en todas partes. Es muy probable que regresaran al lugar adonde se habían hospedado. No fue hasta el tercer día que lo encontraron en el templo. El templo era probablemente el último lugar donde esperaban encontrarlo. La mayoría de los niños de su edad habrían encontrado a otros niños con quién jugar o habrían pasado mucho tiempo mirando curiosamente todos los lugares interesantes en esa ciudad grande e histórica.

Jesús oyó a los Maestros e hizo preguntas

Verso 46 dice: "Al cabo de tres días lo encontraron en el templo, sentado entre los maestros de la ley, escuchándolos y haciéndoles preguntas." El sentido es que Jesús estaba sentado atentamente oyendo las enseñanzas de los rabinos. Estaba bien equipado y sabía como mostrar respeto a estos rabinos. Él los oyó atentamente porque estaba sumamente interesado en todo lo que ellos tenían que decir, y comparó lo que ellos dijeron con las percepciones que él había adquirido leyendo las enseñanzas de los profetas en las sinagogas locales de Galilea. Jesús no solamente oyó sino que hizo preguntas importantes. Las preguntas que Cristo hizo revelaron que él tenía un interés y una percepción mucho más allá del nivel normal de educación y entendimiento de cualquier niño de doce años. El hecho de que él estaba sentado "en medio" de ellos insinúa que los doctores de la ley le dieron un lugar de honor.

Jesús contestó las preguntas de los rabinos

Versículo 47 dice: "Y todos los que le oían se admiraban de su inteligencia y de sus respuestas." Tenía que haber un grupo grande que se reunió gradualmente para oír este niño extraordinario. Continuaban siendo impresionados profundamente con sus comentarios y respuestas. Verdaderamente se preguntaban de dónde venía esa sabiduría. La manera maravillosa en la cual Jesús demostró una habilidad para captar y combinar pensamientos y responder a las preguntas que le hicieron fue absolutamente increíble para ellos. Este no era solamente un niño precoz sino que su mente sobrenatural estaba llena de sabiduría celestial. Él mostró un entendimiento claro de la palabra de Dios, en la cual él sin duda había sido entrenado desde su niñez. Además el mostró una mente y un espíritu intrépido y no complicado por errores e interpretaciones fantásticas que prevalecían en las escuelas de los rabinos de aquel tiempo. Esta era la razón por cual ellos estaban asombrados por lo que él decía.

Jesús prestó atención a las preocupaciones de sus padres

Versículo 48 dice: "Cuando sus padres le vieron, se sorprendieron y su madre le dijo: Hijo mío, ¿por qué nos has hecho esto? Tu padre y yo te hemos estado buscando llenos de angustia."

José y María se asombraron al encontrar a Jesús en el templo rodeado por maestros quienes estaban aprendiendo de él. Hasta ese momento, Jesús no había mostrado su naturaleza y misión públicamente. No hay indicación que él había hablado en la sinagoga anteriormente. Pero ahora sus padres lo encuentran en el lugar más santo de Israel, el templo mismo, con maestros prominentes enfocando su atención en él y escuchando cada palabra con entusiasmo.

La pregunta de María revela la preocupación profunda que ellos experimentaron al no saber donde estaba él o lo que le había pasado. Lo habían estado buscando "con angustia." No obstante, a pesar de su profundo sentido de ansiedad, ella se dirige a Jesús con ternura. Comienza por llamarlo "Hijo" (literalmente *teknon*, un niño en griego). A la misma vez le dejan saber lo angustiado que ellos han estado porque no sabían donde estaba. Los que somos padres no podemos culpar a José y María por estar tan preocupados por la desaparición de su hijo por tres días en aquella ciudad tan grande.

Jesús responde a las preocupaciones de sus padres

Jesús les dijo: "¿Por qué me buscaban? ¿No saben que tengo que estar en la casa de mi Padre?" (v. 49).

Estas son las primeras palabras de Jesús documentadas en la Biblia. Él responde con calma y respeto. El sentido aquí y en toda la Biblia es que Jesús siempre fue respetuoso hacia sus padres terrenales (vea versículo 51). Por lo tanto, él no les falto el respeto con su respuesta. Mas que nada, Jesús se sorprendió que ellos no sabían adonde estaba él y que hacía. Él suponía que ellos sabían que él tenia que estar involucrado el los asuntos de su Padre. Algunas traducciones lo expresan así: "¿No saben que tengo que estar en la casa de mi Padre?" Sin embargo, en el idioma original (griego), la declaración es "¿No sabían que yo debiera de estar involucrado en los asuntos de mi Padre?" Él estaba haciendo la voluntad de su Padre Celestial haciendo preguntas que causaban que hasta los grandes maestros de ese tiempo examinaran sus creencias y su entendimiento de Dios.

La respuesta de Jesús también manifiesta que él tiene un entendimiento claro de su naturaleza (como el único hijo de Dios) y de su misión (hacer la voluntad del único salvador del mundo quien vino de Dios). Aunque él amaba mucho a su madre y a su padrastro, Jesús expresa claramente que él tiene un llamado divino y una relación única con su Padre Celestial. Jesús afirma su amor y respeto por su familia terrenal; sin embargo, explica con claridad que él mantiene una fidelidad superior hacia su Padre Celestial. La conciencia de su obligación suprema a Dios no disminuye la luz de su amor para su familia terrenal. Es muy claro que Jesús les da el segundo lugar de importancia a éstos comparados a su relación con Dios quien continúa teniendo el primer lugar en su vida.

Meditemos:

1. ¿Que lugar ocupa Jesús en nuestras vidas?
   _____

2. ¿Hay tiempos cuando la fidelidad hacia nuestra familia impide que hagamos lo que Jesús quiere que hagamos?
   _____
   _____

3. ¿Si esto es el caso, que es lo que Jesús quiere que hagamos?
   _____
   _____

   También es importante notar que Jesús hace bien claro quien es su verdadero padre. Él llama a Dios *mi* Padre. Aquí, como en otras partes de las escrituras, Jesús usa el pronombre personal y singular *"mi"* para referirse a su Padre Celestial. A los doce años de edad, Jesús sabía que Dios era *su* Padre de una manera en la cual no era Padre a cualquier otro. Refiriéndose a Jesús como "el Verbo," San Juan explica la relación de Jesús con Dios el Padre. Él dice, "En el principio ya existía la Palabra; y aquel que es la Palabra estaba con Dios y era Dios" (Juan 1:1). Entonces añade, "Aquel que es la Palabra se hizo hombre y vivió entre nosotros, lleno de amor y verdad" (1:14). Estos versículos explican tanto la divinidad como la humanidad de Jesús. Él es divino porque es el único hijo de Dios. Él es humano porque al nacer de la virgen María tomó forma humana. Esto hace a Jesús totalmente único. No hay absolutamente nadie como él. Esta es la razón por la cual él es el único que puede ser el Salvador del mundo. Jesús explicó esto cuando le dijo a Nicodemo: "Pues Dios amó tanto al mundo, que dio a su Hijo único, para que todo aquel que en él cree no muera, sino que tenga vida eterna" (Juan 3:16). La Biblia dice: "En ningún otro hay salvación, porque en todo el mundo Dios no nos ha dado otra persona por la cual podemos ser salvos" (Hechos 4:12).

Meditemos:

1. ¿Estamos concientes de que no hay absolutamente ningún otro como Jesús en el universo entero?

   _____
   _____

2. ¿Qué significa para nosotros que él es el único ser divino quien tomó forma humana?

   _____
   _____

3. ¿Significa esto que teniendo una naturaleza humana él puede entendernos y compadecerse de nosotros?

   _____
   _____

4. ¿Significa esto que teniendo una naturaleza divina él puede liberarnos de nuestros pecados y cambiar nuestras vidas?

   _____
   _____

Los padres de Jesús no lo entendían

La Biblia declara: "Pero ellos no entendieron lo que les

decía" (v. 50). Cuando leemos esto, podemos ser tentados a preguntar: "¿Por que será que María no entendió lo que Jesús dijo en cuanto su relación única con Dios y su misión divina?" ¿No le dijo el ángel a María y José que Jesús se llamaría el "Hijo del Dios Altísimo" (Lucas 1:32) y "el Hijo de Dios" (Lucas 1:35)? Se responde afirmativamente a estas preguntas. Sin embargo, lo cierto es que los padres de Jesús no entendieron completamente las implicaciones de la divinidad de Jesús y de su misión como el Salvador del mundo. En particular, debemos de elogiar la fe de María por continuar confiando en Dios. Ella no entendía todo lo que iba ocurrir en la vida de Jesús, no obstante, jamás dejó de estar disponible a la voluntad de Dios.

Meditemos:

1. ¿Hay algunas cosas de Cristo que todavía no entendemos completamente?

   _____
   _____

2. ¿Estamos dispuestos a reconocer que Jesús es el Hijo de Dios?

   _____
   _____

3. ¿Estamos dispuestos a continuar aprendiendo de él y poner nuestra fe en él?

   _____
   _____

Escritura para memorizar:

"En ningún otro hay salvación, porque en todo el mundo Dios no nos ha dado otra persona por la cual podemos ser salvos" (Hechos 4:12).

Oración:

Querido Padre Celestial, Gracias por mandar tu Hijo Jesús a la tierra para morir en la cruz, y ser levantado de entre los muertos. Yo estoy dispuesto a decir que Jesús es mi Señor y mi Salvador. Gracias por oír mi oración, amén.

SEGUNDA PARTE

LOS MISTERIOS LUMINOSOS

En su Carta Apostólica, Juan Pablo II explicó las razones por las cuales añadió los *Misterios de Luz* al Rosario:

> De los misterios de la vida de Cristo, solo unos pocos son indicados por el rosario en la forma que se ha establecido generalmente con el sello de aprobación de la Iglesia. La selección fue determinada por el origen de la oración, que se basa en el número 150, el número de Salmos en el Salterio. Yo creo, no obstante, que para extraer más completamente la profundidad Cristológica del Rosario, es apropiado hacer una adición al patrón tradicional que, aunque dejado a la libertad de individuos y comunidades, podría extenderlo para incluir *los misterios del ministerio público de Cristo entre su Bautismo y su Pasión.*

En el transcurso de esos misterios contemplamos aspectos importantes de la persona de Cristo como la revelación definitiva de Dios. Declarado el Hijo del Padre en el Bautismo en el Jordán, Cristo es el que anuncia la venida del Reino, da testimonio de sus obras y proclama sus demandas. Es durante los años del ministerio público que *el misterio de Cristo es más evidente un misterio de luz:* "Mientras este en el mundo yo soy la luz del mundo" (Juan 9:5).

Por consiguiente, para que el Rosario llegue a ser más plenamente un "compendio del evangelio," es apropiado que, siguiendo la reflexión de la Encarnación y la vida oculta de Cristo (los misterios gozosos) y el triunfo de la resurrección (los misterios gloriosos) haya una meditación de ciertos momentos particularmente significativos en su ministerio público (*los misterios de luz*)[17]

Los Misterios Luminosos incluyen: el bautismo de Jesús en el Jordán (Lucas 3:1-22), la manifestación de sí mismo en la boda en Cana (Juan 2:1-11), la proclamación del reino de Dios (Marcos 1:15; 2:3-13), la transfiguración de Jesús (Lucas 9:28-36) y la institución de la Eucaristía (Lucas 22:7-20).

---

[17] Juan Pablo II, Carta Apostólica Rosarium Virginis Mariae http//www.vatican.va/holyfather/john_paul_ii/apos_letters/documents/hf_jp-ii_apl_20021016_rosarium-virginis-mariae _en html

CAPÍTULO 6

EL BAUTISMO DE JESUS

(San Lucas 3:1-22)

En las lecciones pasadas hemos estudiado la anunciación del nacimiento de Jesús, la natividad de Jesús y la presentación de Jesús en el templo. Todos estos eventos nos ayudan a comprender que Jesús es verdaderamente el hijo de Dios. Como dice el apóstol San Juan: "Y aquel que es la Palabra se hizo hombre y vivió entre nosotros, lleno de amor y verdad" (San Juan 1:14). El bautismo de Jesús fue otro de los eventos que Dios utilizó para ayudarnos a comprender mejor el carácter y el ministerio de nuestro Señor Jesucristo.

El bautismo de nuestro Señor Jesucristo es diferente a todos los otros bautismos que se han celebrado a través de las edades. Este bautismo fue diferente porque el que bautizó a Jesús era diferente a los otros líderes religiosos, el mensaje del que bautizó a Jesús fue diferente al de los otros líderes religiosos, la misión de Jesús fue explicada en una manera clara y la presencia de Dios se manifestó en una manera muy significativa. En San Lucas capítulo 3 encontramos una descripción muy hermosa del bautismo de Jesús.

La Persona Que Bautizó A Jesús (3:1-6)

La fecha en que apareció San Juan Bautista

"En el año quince del gobierno del emperador Tiberio, Poncio Pilato era gobernador de Judea, Herodes gobernaba en Galilea, su hermano Felipe gobernaba en Iturea y Traconite, y

Lisanias gobernaba en Abilinia. Anás y Caifás eran los sumos sacerdotes . . ." (3:1-2).

El apóstol San Lucas tuvo mucho cuidado de dar la fecha exacta en que apareció San Juan Bautista para bautizar a Jesús. Hay muchos escritos de religiones falsas que son el producto de la imaginación humana. A veces se encuentran en estos escritos caracteres ficticios y eventos que en realidad nunca acontecieron. Para dejar bien claro que él está escribiendo de una persona que verdaderamente existió en la historia humana, San Lucas cuenta quienes eran los líderes políticos y religiosos en ese tiempo.

La Tarea Que Le Fue Dada A San Juan Bautista

Los versículos 4 al 6 de este capítulo de San Lucas explican la tarea que le fue dada a San Juan Bautista: "Preparen el Camino del Señor y ábranle un camino recto. Todo valle será rellenado y todo cerro y colina será nivelado, Los caminos torcidos serán enderezados, y allanados los caminos disparejos. Todo el mundo verá la salvación que Dios envía."

En aquel tiempo había pocos caminos. Cuando un rey iba a visitar una ciudad, era necesario preparar el camino. A veces se utilizaban a los obreros de la ciudad para hacer esto. En otras ocasiones se utilizaba el ejército. Su tarea incluía enderezar los caminos, allanar los lugares ásperos y rellenar los lugares bajos para que el rey pudiera caminar con facilidad y comodidad.

La tarea de San Juan Bautista era de preparar el camino espiritual para la venida del Rey Jesús. El verdadero Mesías (Cristo) era muy diferente al que estaban esperando los judíos. Ellos esperaban a un libertador político que tomara venganza contra los que habían oprimido al pueblo judío. Para preparar el camino, San Juan tenía que guiarlos a una reforma espiritual en sus mentes, sus corazones y su carácter. El tenía que ayudarles a formar otro concepto para que aceptasen a Jesús como el reformador y el libertador espiritual. En otras palabras, Jesús vino para libertarlos de la esclavitud de sus pecados y para cambiar sus vidas en tal forma que ellos pudieran encontrar paz con Dios.

Al pensar en el hecho de que Juan tuvo que tratar de cambiar el concepto que ellos tenían acerca de Jesús, es importante que nosotros nos preguntemos, ¿qué concepto tengo yo acerca de Jesús? Hay algunas personas que piensan acerca de Jesús sólo como un bebé en los brazos de su madre, "el santo niño." Otros tienen un concepto de Jesús sólo como el Cristo crucificado. Aunque estos dos conceptos son muy conmovedores, es muy importante que aceptemos el concepto bíblico acerca de Jesús. Es cierto que él vino como un niño muy hermoso, pero también es cierto que este niño creció y cumplió su misión de salvar a la humanidad. Es cierto que nuestro Señor Jesús murió una muerte muy dolorosa en la cruz, pero también es cierto que él resucitó de la muerte y que puede vivir en nuestros corazones si lo invitamos. Es cierto que él subió al cielo pero también es cierto que él está sentado a la diestra de Dios para interceder por nosotros. Si Cristo no vive en nuestros corazones y no sentimos su presencia y su dirección cada día, entonces la misión con la cual él vino no se ha cumplido en nuestras vidas.

En el versículo 6 encontramos el propósito de Juan en preparar el camino: "Y Todo el mundo verá la salvación que Dios envía." En las Sagradas Escrituras la palabra salvación significa que somos libertados de la esclavitud, la culpa y la condenación del pecado para tener una relación de amor, compañerismo, paz y esperanza con Dios (Lucas 19:10; Romanos 5:1).

El Mensaje Que Predicó San Juan Bautista

El mensaje de San Juan es uno de juicio

"Cuando la gente salía para que Juan los bautizara, él les decía ¡Raza de Víboras! ¿Quién les ha dicho a ustedes que van a librarse del terrible castigo que se acerca?" (v. 7).

A primera vista parecía que las personas habían recibido el mensaje de San Juan y que como muestra de esto estaban dispuestas a ser bautizadas. Lo cierto era que ellos veían el bautismo como un talismán (algo que les podía traer buena suerte o les pudiera dar un favor especial). Ellos creían que si aceptaban el rito del bautismo ellos podrían evitar el castigo de Dios. San Juan sabía lo que estaba en sus corazones y les hizo ver que sin un cambio interno, un rito externo no tiene ningún mérito delante de Dios. Es muy importante, pues, que nos preguntemos: ¿Estoy dependiendo de un rito religioso externo para recibir el favor de Dios sin que haya habido un cambio en mi corazón?

El mensaje de San Juan es uno de arrepentimiento

"Pórtense de tal modo que se vea claramente que se han vuelto al Señor, y no vayan a decir entre ustedes: '¡Nosotros somos descendientes de Abraham!' por que les aseguro que incluso a estas piedras Dios puede convertirlas en descendientes de Abraham" (v. 8).

San Juan les dice: enseñen con sus vidas que su arrepentimiento es verdadero. La palabra arrepentimiento significa que vamos caminando en una dirección y luego caminamos en la dirección opuesta. No sólo sentimos pesar por lo que hemos hecho sino pedimos perdón a Dios y permitimos que él cambie nuestras vidas en tal forma que la dirección de nuestra vida cambia.

Los judíos (especialmente los fariseos) creían que porque eran descendientes de Abraham, ellos podían vivir como quisieran y de todos modos tenían el derecho de recibir las bendiciones del Mesías. San Juan les hace ver que no deben depender de sus tradiciones religiosas para librarse del castigo de Dios. Si ellos no se han arrepentido y no están viviendo vidas que complacen a Dios, el hecho de que Abraham era su antepasado no les va a ayudar en ninguna forma en el día del juicio. Esto nos hace preguntarnos: ¿Estamos contando nosotros con en el hecho de que nuestros padres fueron personas religiosas para recibir automáticamente el favor de Dios? Alguien ha dicho: Dios no tiene nietos, sólo hijos. Nuestra relación personal con Dios es lo que cuenta.

El Bautismo De Jesús

El bautismo de nuestro Señor Jesucristo fue diferente al de todos los seres humanos. Este bautismo fue diferente tanto por su significado como por la forma especial en que Dios dio su aprobación.

El Significado Del Bautismo De Jesús

Hay personas que preguntan, ¿por qué fue bautizado Jesús, él no cometió pecado? Los que hacen esta pregunta tienen razón, pues la Biblia dice claramente que Cristo no cometió pecado (Hebreos 4:15). Si no cometió pecado, entonces ¿por que fue bautizado? En la palabra de Dios encontramos dos razones. Primero, el bautismo fue un acto de obediencia. San Mateo explica que al principio San Juan Bautista no quería bautizar a Jesús pues él decía: "Yo debería ser bautizado por ti, ¿y tú vienes a mí?" Jesús le contestó: "Déjalo así por ahora, pues es conveniente que cumplamos todo lo que Dios ha ordenado" (Mateo 3:14,15). En otras palabras, al ser bautizado, Jesús estaba mostrando su obediencia a Dios. Segundo, el bautismo de Jesús marcó el principio de su ministerio. Desde su niñez Jesús se estaba preparando para cumplir su misión. Después de ser bautizado, Jesús comenzó su ministerio.

El Testimonio Divino Acerca De Jesús

El bautismo de Jesús fue diferente también porque Dios se hizo presente en una forma muy especial en este evento. Dice San Lucas: "También Jesús fue bautizado; y mientras oraba, el cielo se abrió y el Espíritu Santo bajó sobre él en forma visible como una paloma, y se oyó una voz del cielo que decía: Tú eres mi Hijo amado a quien he elegido." (3:21,22).

En este evento vemos claramente la presencia de la Santísima Trinidad. Primero, vemos la presencia del Espíritu Santo en forma de paloma. El Espíritu Santo, la tercera persona de la Trinidad, vino del cielo para ungir a Jesús para su misión. La voz que vino del cielo era la voz de Dios, el Padre, el cual estaba declarando a todos que Jesús es su Hijo amado. Habían venido muchos profetas y líderes religiosos pero ninguno era el Hijo amado de Dios. En Jesús vemos la segunda persona de la Trinidad.

Hay dos lecciones muy importantes que aprendemos del bautismo de Jesús. Primero, la Santísima Trinidad ocupa el lugar más alto en las Sagradas Escrituras. Dios, el Padre, Dios, el Hijo y Dios, el Espíritu Santo son los únicos a los cuales debemos adorar. Jesús afirmó esto cuando dijo: "Adora al Señor tu Dios, y sírvele sólo a él" (San Mateo 4:10). Hay personas en la Biblia a las cuales admiramos mucho, pero no debemos adorarlas. San Pedro, por ejemplo, no permitió que se le rindiera adoración. El le dijo a Cornelio quien se había postrado a sus pies para adorarle:

"Ponte de pie, pues yo también soy un hombre como tú" (Hechos 10:25,26).

Segundo, el creer que Jesús es el Hijo de Dios es absolutamente necesario para nuestra salvación. Hay personas que creen que Jesús fue sólo un maestro, un profeta, un reformador social o un líder moral. Aunque es cierto que Jesús fue todo esto, si no creemos en Jesús como el Hijo de Dios no recibiremos la salvación eterna. San Juan afirma esto cuando dice: "El que cree en el Hijo de Dios, tiene el testimonio en sí mismo; el que no cree a Dios, lleva este testimonio en su propio corazón; el que no cree en Dios, lo hace aparecer como mentiroso, porque no cree en el testimonio que Dios ha dado acerca de su Hijo. Este testimonio es que Dios nos ha dado vida eterna, y que esta vida está en su Hijo. El que tiene al Hijo de Dios, tiene también la vida; pero el que no tiene al Hijo de Dios, no tiene la vida" (1 Juan 5:10-12). Tener al Hijo es más que simplemente creer que él existe, saber que él nació de la Virgen María o afirmar que él murió en la cruz. Tener al Hijo significa pedirle perdón por nuestros pecados, recibirle en nuestros corazones como nuestro salvador personal, y darle el control de nuestras vidas. ¿Ha tenido usted una experiencia como esta?

Preguntémonos:

1. ¿Qué significa Cristo para mí?

    a. ¿Sólo un maestro?
    b. ¿Un profeta?
    c. ¿Un reformador social?
    d. ¿Un líder moral?

2. Tener al Hijo (Jesús) significa:

a. Creer que Él existe y que Él es el Hijo de Dios, la segunda persona de la Santísima Trinidad.
b. Saber que Él nació de la Virgen María.
c. Afirmar que Él murió en la Cruz.
d. Pedirle perdón por nuestros pecados.
e. Recibirle en nuestro corazón como nuestro Salvador personal.
f. Darle el control de nuestra vida.

Verso Bíblico Para Memorizar:

"Aquel que es la Palabra se hizo hombre y vivió entre nosotros, lleno de amor y verdad. Y hemos visto su gloria, la gloria que como Hijo único recibió del Padre" (Juan 1:14).

Oración

Amado Padre Celestial, ayúdame a saber lo que significa tener la presencia de tu Hijo Jesucristo en mi corazón. Hago este ruego en el nombre de Jesús, amén.

CAPÍTULO 7

LA AUTO-MANIFESTACIÓN DE JESÚS

(San Juan 2:1-12)

El primer milagro de Jesús que fue documentado ocurrió al comienzo de su ministerio público. En los dos días anteriores, seis hombres se habían convertido en seguidores de Jesús (vea Juan 1:35-51). La realización de este milagro manifestó la personalidad y el poder de Jesús como el hijo de Dios. Confirmó el testimonio que San Juan Bautista había dicho de él dos días antes: "¡Miren, 'este es el Cordero de Dios, que quita el pecado del mundo!" (Juan 1:29). Hay mucho que podemos aprender de la naturaleza y la misión de Jesús mientras estudiamos y reflexionamos acerca de la descripción bíblica de este evento.

El Escenario (Juan 2:1, 2)

Caná de Galilea era un pequeño pueblo cerca de Nazaret. La escena de este evento es una fiesta de boda Judía. De acuerdo con la costumbre judía, la novia y el novio estaban comprometidos el uno con el otro. No era hasta después de la ceremonia de la boda que ellos comenzaban a vivir como marido y esposa. En general el novio y sus compañeros traían la novia y sus compañeras a la casa del novio y comenzaban la celebración más grande de acuerdo a sus recursos.

William Barclay describe una fiesta de boda judía típica:

> En Palestina las festividades duraban por más de un día. La ceremonia de la boda en sí ocurría en la noche después de una

fiesta. Durante ese tiempo ya estaba oscuro y ellos iban por las calles del pueblo con la luz de antorchas y con un dosel sobre sus cabezas. El novio y la novia eran llevados por el camino más largo para que el mayor número de gente los pudiera felicitar. Pero en Palestina una pareja recién casada no viajaban durante su luna de miel; ellos se quedaban en casa; y por una semana mantenían las puertas abiertas a visitantes. Se ponían coronas y se vestían con trajes de ceremonia matrimoniales. Eran tratados como un rey y una reina. En una vida donde existía mucha pobreza y el trabajo era duro y constante, esta semana de festividad y gozo era una de las supremas ocasiones de sus vidas.[18]

San Juan nos dice que la madre de Jesús estaba en la boda (2:1). La declaración que ella "estaba allí" implica que ella era más que una invitada. Tal vez ella era pariente de la pareja matrimonial o por lo menos una amiga íntima de la familia.[19] Esto explica por que ella estaba al tanto de que el vino se había acabado y tomó la libertad de instruir a los camareros en lo que debían hacer.

Jesús fue oficialmente invitado a la boda (v. 2). Él aceptó la invitación y asistió a la boda acompañado por sus discípulos (v. 2). El hecho de que él estuvo presente en esta boda al comienzo de su ministerio público es muy significativo. Él todavía estaba en el proceso de escoger a sus discípulos. Él había podido escoger una ciudad mucho más grande y prominente para lanzar su ministerio. Sin embargo, él escogió pasar su tiempo en un pueblito con una pareja la cual era obviamente muy humilde. Jesús repetiría, por medio de su ministerio, su compromiso a la familia y a la gente humilde que acude a él con fe. Es importante reconocer que el amor de Jesús y su preocupación por la gente necesitada son evidentes desde el comienzo de su ministerio. El primer milagro que fue documentado de él se realizó de tal manera que evitó que el novio y la novia pasaran la terrible vergüenza de que se le terminaran las provisiones y no pudieran ofrecer la clase de hospitalidad que se esperaba de ellos.

Meditemos:

1. ¿Creemos que Jesús todavía se preocupa por la gente que otros consideran insignificante?

   _____

   _____

2. ¿Creemos que Jesús todavía está interesado en estar con nosotros en las varias situaciones de nuestra vida?

   _____

   _____

3. ¿Creemos que Jesús está dispuesto a ayudarnos aun cuando hemos cometido errores o fallamos en vivir según nuestros ideales?

   _____

   _____

La Crisis (Juan 2:3)

Como se ha notado, las bodas eran "ocasiones supremas" en las vidas de la gente. La hospitalidad en esa cultura era considerada como una obligación sagrada. La falta de provisiones en la boda hubiese sido una terrible vergüenza para la novia y el novio.[20]

Sabiendo la situación en la cual se encontraba esta pareja joven y sintiendo gran compasión por ellos, María fue a Jesús y le dijo: "Ya no tienen vino" (v. 3). Hay varias interpretaciones en cuanto las cosas que María pudiera haber estado pensando cuando ella compartió con Jesús la información acerca de la desafortunada crisis que estaba enfrentando esta pareja. ¿Estaba María simplemente comunicando su ansiedad con respecto a esta potencialmente vergonzosa situación a Jesús? ¿Lo hizo ella con la esperanza que Jesús tal vez ayudaría a esta pareja? ¿Lo hizo ella con la expectativa que él realizara un milagro y sacara a la familia del apuro?[21] Basándose en la información provista en este pasaje bíblico, es difícil de saber precisamente lo que ella estaba pensando. ¿Acaso fue alguna de estas tres razones o tal vez una combinación de ellas? No estamos completamente seguros lo que ella pensaba cuando ella compartió esta información con Jesús. Lo que sí sabemos es que ella fue a la persona apropiada.

Meditemos:

En los evangelios encontramos numerosos instantes en los cuales Jesús invita a gente necesitada a venir a él.

"Vengan a mí todos ustedes que están cansados de sus trabajados y cargas, y yo los haré descansar" (Mateo 11:28).

"A los que vienen a mí, no los echaré fuera" (Juan 6:37).

1. ¿Estamos acudiendo a Jesús en busca de respuestas a las preguntas más profundas de la vida?
2. ¿Estamos buscando en él un sentido de paz y seguridad para nuestro futuro? ____
3. ¿Vamos a él cuando enfrentamos problemas y crisis en nuestras vidas?

_____
_____

4. Tenemos que seguir el ejemplo de María de ir con fe a Jesús.

La Respuesta (Juan 2:4)

Aunque es difícil determinar precisamente lo que María estaba pensando cuando ella le dijo esas palabras a Jesús, está claro que Jesús lo consideró como una manera de petición. Él respondió diciendo: "Mujer, ¿por qué me dices esto?"

Leído desde la perspectiva del siglo veintiuno, estas palabras son difíciles de entender. Tal vez los comentarios del Papa Juan Pablo II en su Carta Apostólica pueden proveer un marco por cual podemos entender estas palabras mejor. Comentando en la respuesta de María y José a los comentarios de Jesús cuando él fue encontrado en el templo ("Tenía que estar en la casa de mi Padre"), el Papa declara:

> La revelación de su misterio como el Hijo totalmente dedicado a los asuntos de su Padre proclama la naturaleza radical del evangelio en cual hasta las más cercanas relaciones humanas son desafiadas por las demandas absolutas del reino. María y José, temerosos y ansiosos, "no entendieron las palabras que les habló (Lucas 2:50).[22]

La expresión "Mujer, ¿por qué me dices esto?" necesita más clarificación. En el griego (*ti emoi kai soi, gunai*) significa literalmente "¿que a mi y a ti, mujer?" Es una frase idiomática que se puede traducir: "esto es mi asunto, no el tuyo." Barclay lo traduce: "No te preocupes; no acabas de entender lo que pasa; permite que yo trate con la situación, y yo la resolveré a mi manera."

Jesús entonces dice: "Mi hora no ha llegado todavía." Esta expresión es parecida a la que él usó en el templo: "en los negocios de mi Padre me es necesario estar." La idea que expresa es que Dios es quien determina lo que él hará y cuando él lo hará. Las dos expresiones "mujer' y "¿Por qué me dices esto?" junto con las palabras "Mi hora no ha llegado todavía" se combinan para expresar la idea que a este punto en su ministerio Jesús tenía que establecer el hecho que él es el Señor y Salvador de todos. No estaba desairando o menospreciando a su madre, a quien el amaba tanto, pero sintió la necesidad de explicarle que sus instrucciones venían de Dios, su Padre celestial. En otras palabras, su relación común y terrenal es secundaria a su relación divina en el cumplimiento de su misión salvadora (Mateo 12:46-50).

El evangelio de Juan procura dirigir la atención de los lectores hacia a Jesús. Desde el principio, Juan establece el hecho de que los lazos biológicos tenían que ceder a los lazos divinos en la vida y ministerio de Jesús. El hecho de que Juan se refiere a María como "la madre de Jesús" en este episodio indica la necesidad de Juan de identificar precisamente cual relación se esta desafiando y cual autoridad se está estableciendo.[23]

¿Cual fue la respuesta de María a la clarificación de Jesús? Le dijo a los hombres "Hagan todo lo que él les diga" (v. 5). María no le dijo a Jesús qué hacer, ni le dijo a los hombres que podía hacer que Jesús hiciera lo que ella pensaba que él debía hacer. En vez de esto, dirigió a los hombres a Jesús y los instruyó a que siguieran las instrucciones de él. En otras palabras, lo que él decida hacer, será según su voluntad.

Carson declara:

> "En resumen, en 2:3 María se dirige a Jesús como su madre, y él aclara su papel; y en el 2:5, ella responde como una creyente, y su fe es honrada."[24]

    Esto presenta a María como una dedicada seguidora de Jesús quien continuaba aprendiendo progresivamente de snaturaleza y misión divina. En este pasaje María es representada como una discípula consagrada en el proceso de madurar que todavía luchaba para entender el ministerio de Jesús. El significado claro de este pasaje nos enseña que debemos de cumplir con las instrucciones de María: "Hagan todo lo que él les diga." Como McCarthy nota, "estas son las últimas palabras documentadas de María en la Biblia. Permanecen como consejo excelente para cualquiera que procura agradar a Dios."[25] María merece nuestro agradecimiento y amor tanto como nuestro más sincero reconocimiento que ella fue una mujer piadosa, humilde y llena de fe, y que ella fue escogida por Dios para cargar en su vientre el redentor del mundo. Por lo tanto, como fue declarado por el ángel cuando le anunció el privilegio que Dios le había dado, ella será llamada bendita por todas las generaciones. La mejor manera de honrar a María es obedecer lo que ella le dijo a la gente en Caná "Haced todo lo que [Jesús] os dijere" (Juan 2:5).

Meditemos:

1. ¿Estamos emulando el ejemplo de fe y sumisión de María a la voluntad de Cristo aun cuando no sabemos de antemano como esto afectará nuestras vidas?

　　_____
　　_____

2. ¿Estamos siguiendo el consejo de María: "Hagan todo lo que él [Jesús] les diga?"

_____

_____

3. Lo que Jesús nos dice en la Biblia es: "Yo soy el camino, y la verdad, y la vida. Solamente por mí se puede llegar al Padre" (Juan 14:6). ¿Estamos dispuestos a acudir a él como nuestro Señor y Salvador?

_____

El Milagro (vs. 6-10)

Después de documentar las palabras dichas por María ("Hagan todo lo que él les diga"), la atención se enfoca en las tinajas de agua. "Había allí seis tinajas de piedra, para agua que usaban los judíos en sus ceremonias de purificación. En cada tinaja cabían de cincuenta a setenta litros de agua." Esto era un total de ciento cincuenta galones. Según la costumbre judía, el agua era usada para lavamientos ceremoniales de las manos antes de participar en una comida. La implicación es que el agua en ellas ya se había usado. Esto es consistente con la declaración que había un gran numero de invitados en la fiesta de la boda.

Jesús entonces les dijo a los sirvientes: "Llenen de agua estas tinajas". Y "las llenaron hasta arriba" (v. 7). Es importante notar que fueron los sirvientes y no los discípulos quienes fueron instruidos a llenar las tinajas. Esto evitó que se sospechara confabulación entre Jesús y sus discípulos. Los discípulos no tenían nada que ver con esto. Tenemos que admirar a los sirvientes por cumplir con las órdenes de Jesús. Tal vez se preguntaban, "¿Que hará este rabí con el agua?" Tal vez pensaban, "Por supuesto que no les va a servir agua esperando que ellos piensen que es vino." En vez de pasar su tiempo pensando lo que Cristo iba a hacer, obedecieron sus órdenes, "de una vez".

Después que los sirvientes habían hecho lo que Jesús les había dicho que hicieran, Jesús les dio otra orden: "Ahora, saquen un poco, y llévenselo al encargado de la fiesta" (v. 7). Otra vez, sin discutirlo, los siervos cumplieron con las instrucciones de Jesús. El versículo dice: "Así lo hicieron."

El siervo a cargo era el gerente de la fiesta. Más allá de asegurar que toda la comida y bebida estaban ahí y eran servidas apropiadamente, el siervo encargado tenía la responsabilidad de probar la comida y bebida antes de que fueran ofrecidas a los invitados.

El milagro que Jesús había realizado fue confirmado. Versículos 9 y 10 declaran: "El encargado del la fiesta probó el agua convertida en vino, sin saber de dónde había salido; sólo los sirvientes lo sabían, pues ellos habían sacado el agua."

Ocupado con sus actividades, el encargado no se había dado cuenta de lo que había pasado en otro sitio. Los sirvientes no hablaron porque se les tomó tiempo darse cuenta que habían visto un milagro realizado delante de ellos.

El encargado pensaba que el novio había cometido un error por haber reservado el mejor vino para último. El novio mismo se quedo asombrado hasta que reconoció que Jesús había transformado el agua a vino.

Los Resultados (v. 11)

La descripción de este milagro concluye con las

palabras; "Esto que hizo Jesús en Caná de Galilea fue la primera señal milagrosa con la cual mostró su gloria; y sus discípulos creyeron en él."

San Juan enfatiza el hecho que Jesús realizó su primer milagro en "Caná de Galilea." Galilea no era el centro religioso más prominente; era Judea. De hecho, había prejuicio entre los judíos contra Galilea. A menudo decían, "de Galilea nunca se ha levantado profeta" (Juan 7:52). Es importante notar que Jesús no se enfocó en la *religión* sino en la *relación*. A menudo eran las tradiciones del pueblo judío (especialmente de los fariseos) que no permitían que la gente respondiera a Jesús en fe. Jesús siempre estaba dispuesto a manifestarse y a manifestar su poder a aquellos quienes lo buscaban con un espíritu de humildad y arrepentimiento.

Juan llama a estos milagros "señales." La palabra "señales" apunta más allá de ellos mismos a algo que ellos acreditan y sobre cual ellos testifican.[26] Estos señales dan testimonio, primeramente, a la persona que comprende su significado. Dan un testimonio fuerte y tangible de la divinidad de Jesús. Prueban que Jesús es el unigénito Hijo de Dios.

Además de probar que Jesús es el Hijo de Dios, estas señales (milagros) "manifestaron su gloria." El propósito de estas señales era exhibir la presencia y poder de Dios en la vida de Jesús. Son como dedos que nos dirigen a Dios. Nos señalan la grandeza de Dios. No llaman la atención a las personas quines han sido destinatarios de los milagros (P. ej. el novio), o hasta participantes en ellos (P. ej. los sirvientes), sino al que ha realizado el milagro (Jesús) y aquel en cuyo poder él lo hizo (Dios). Los milagros que Cristo realiza no son un fin en sí, sino un medio para conseguir un fin. El propósito de los milagros es atraer a la gente a Dios.

El milagro que Jesús realizó cumplió su propósito. En el capítulo 1, leemos que Andrés, Juan, Santiago, Pedro, Felipe y Natanael, se habían vueltos en seguidores de Jesús (vean Juan 1:35-51). En el capítulo 2, versículo 11, leemos: "y sus discípulos creyeron en él." Al principio, estos hombres hacían preguntas. Dos de ellos quines eran discípulos de Juan el Bautista se acercaron a Jesús y él le preguntó: "¿Qué buscan?" (Juan 1:38). El próximo día, Felipe habló a Natanael sobre Jesús y le preguntó: "¿De Nazaret puede salir algo de bueno?" (Juan 1:46). Por lo tanto, estos hombres habían sido atraídos por las enseñanzas de Jesús y estaban en el proceso de aprender más con respecto a él. Después de que vieron el milagro, ellos "creyeron en él." La evidencia alarmante del divino poder mesiánico y la dignidad de Jesús los fortaleció en su creencia. Lo aceptaron como su Señor y Salvador.

Meditemos:

1. Jesús realizó un milagro en Galilea porque él tenía una actitud de humildad y franqueza. ¿Tenemos este tipo de actitud en cuanto a aprender más sobre Jesús y desear relacionarnos más íntimamente con él?

   _____
   _____

2. Los sirvientes no entendían completamente lo que Jesús iba hacer, pero siguieron sus instrucciones confiando que él sabía lo que hacía. Como resultado, ellos fueron participantes en el milagro que Jesús realizó. ¿Estamos dispuestos a confiar en Jesús aunque no entendemos completamente todas sus enseñanzas de antemano?

   _____
   _____

3. Los milagros de Jesús fueron realizados con el propósito de revelar su carácter y su voluntad para aquellos quienes fueron destinatarios. ¿Estamos dispuestos a buscar la evidencia de la presencia y el propósito de Jesús en los milagros que experimentamos en nuestras vidas y en las vidas de aquellos alrededor de nosotros?

_____

_____

4. San Juan dice que, después de ver el milagro, los discípulos creyeron en él. Esto significa que pusieron su confianza, sus vidas, y sus futuros en las manos de Jesús. Significa que llegaron a tener una relación personal con Jesús. No solamente sabían *de él* sino que *lo conocieron a él* en una manera personal. ¿Hemos llegado al punto que tenemos una relación personal con Jesucristo?

_____

_____

Verso Bíblico Para Memorizar:

"Pero éstas se han escrito para que ustedes crean que Jesús es el Mesías, el Hijo de Dios, y para que creyendo en él tengan vida." (Juan 20:31)."

Oración:

Querido Jesús, como realizaste el milagro de cambiar el agua a vino, pido que cambies mi vida para que te honre a ti y sea una bendición a mucha gente. Gracias por oír mi oración, Amén.

Notas

[18] William Barclay, *Daily Bible Study: The Gospel of John,* Philadelphia: Westminster Press, 1956, 81, 82.

[19] Vea RCH Lenski, *The Interpretation of St. John's Gospel,* Minneapolis: Augsburg Publishing House, 1961, 185.

[20] William Barclay, *Daily Bible Study: The Gospel of John,* Philadelphia: Westminster Press, 1956, 82.

[21] Para una discusión de estas opciones vea Stephen Hartdegen, "The Marían Significance of Cana," *Marían Studies II* (1960), 87-88., citado en Eric D. Svendsen, *Who Is My Mother (Amityville, NY: Calvary Press, 2001), 175.*

[22] John Paul II, Apostolic Letter, 10.
[23] Svendsen, op. cit., 190.

[24] D. A. Carson, "John," *The Expositor's Bible Commentary,* (Grand Rapids: Zondervan, 1976), 173., citado en Svendsen, 191.

[25] James G. McCarthy, *The Gospel According to Rome* (Eugene, Oregon: Harvest House, 1995), 188.

[26] Vea RCH Lenski, *The Interpretation of St. John's Gospel,* Minneapolis: Augsburg Publishing House, 1961, 199.

CAPÍTULO 8

LA PROCLAMACIÓN DEL REINO DE DIOS

(San Marcos 1:14, 15; 2:3-13)

Uno de los misterios de luz más significativos en la vida de Jesús es su proclamación del reino de Dios. El aclaró desde el principio de su ministerio en la tierra que su misión era ayudar a la gente a entender el evangelio del reino. Él hizo esto por medio de proclamar la llegada del reino de Dios y por medio de demostrar su divinidad y su poder.

La Proclamación del Evangelio del Reino

San Marcos declara:

> Después que metieron a Juan en la cárcel, Jesús fue a Galilea a anunciar las buenas noticias de parte de Dios. Decía, "Ha llegado el tiempo y el reino de Dios está cerca; vuélvanse a Dios." (1:14, 15).

Descripción del Evangelio del Reino (v. 14)

La palabra *"evangelio"* significa buenas noticias. Jesús vino para traer buenas noticias a la humanidad. En su nacimiento, los ángeles proclamaron: "No tengan miedo, porque les traigo una buena noticia, que será motivo de gran alegría para todos: Hoy les ha nacido en el pueblo de David un salvador, que será el Mesías, el Señor" (Lucas 2:10-12). Por toda la Biblia encontramos definiciones de las varias dimensiones de las buenas noticias que Jesús proclamó.

Buenas Noticias de Verdad

El evangelio es las buenas noticias que Jesús vino desde el cielo a la tierra para compartir la verdad que Dios nos ama y desea que nos relacionemos con él como sus hijos. Esta verdad no es un concepto abstracto; está personificado en Jesucristo mismo. San Juan dice: "Y la Palabra se hizo hombre, y vivió entre nosotros lleno de amor y verdad" (Juan 1:14). Jesús dijo: "Yo soy el camino, y la verdad, y la vida. Solamente por mí se puede llegar al Padre" (Juan 14:6). Cuando Jesús vino a la tierra, mucha gente tenía ideas distorsionadas y erróneas acerca de la naturaleza y el carácter de Dios. Sin embargo, por medio de su vida y su ministerio Jesús ayudó la gente a entender a Dios. El evangelio es las buenas noticias de la verdad.

Buenas Noticias de Esperanza

Una de las características de una sociedad es el pesimismo. Los esfuerzos humanos sin la dirección y la ayuda de Cristo a menudo resultan en la desesperación. Rodeados por un sentido de fracaso y desesperanza, la gente a menudo se siente que es inútil tratar de vivir vidas victoriosas. El apóstol Pablo expresa este sentimiento cuando dice: "No hago lo bueno que quiero hacer, sino lo malo que no quiero hacer. Ahora bien, si hago lo que no quiero hacer, ya no soy yo quien lo hace, sino el pecado que está en mí. Me doy cuenta de que, aun queriendo hacer el bien, solamente encuentro el mal a mi alcance. ¡Desdichado de mí! ¿Quién me librará del poder de la muerte que está en mi cuerpo?" (Romanos 7:19, 21, 24). Pero la búsqueda del apóstol no termina allí. El nos indica la solución cuando declara: "El aguijón de la muerte es el pecado, y la ley antigua es la que da al pecado poder. ¡Pero gracias a Dios, que nos da la victoria por medio de nuestro Señor Jesucristo!" (I Corintios 15:57). Las buenas noticias de salvación son que ya no tenemos que depender en nuestra propia sabiduría y fuerza para vencer sobre las cosas que nos amenazan y nos derrotan. Podemos depender en Jesús quien llena nuestros corazones con esperanza. "Ustedes eran extranjeros y enemigos de Dios en sus corazones, por las cosas malas que hacían, pero ahora Dios los ha puesto en paz con él, mediante la muerte que Cristo sufrió en su cuerpo humano. Y lo hizo para tenerlos a ustedes en su presencia, consagrados a él, sin mancha y sin culpa." (Colosenses 1:21-23).

Buenas Noticias de Paz

A una escala mundial, los años de verdadera paz han sido muy pocos. Guerras y conflictos entre naciones, grupos socio-culturales, y facciones echan a perder la paz y tranquilidad que todos anhelamos. A un nivel personal, nuestros espíritus a menudo parecen ser un lugar de guerra civil. Experimentamos un conflicto interno entre las buenas y malas intenciones que compiten por el dominio de nuestros corazones. Solamente Jesús puede traer verdadera paz a nuestros corazones. Jesús dijo: "Al irme les dejo la paz. Les doy mi paz, pero no la doy como la dan los que son del mundo. No se angustien ni tengan miedo" (Juan 14:27). San Pablo afirmó esto cuando dijo: "Así pues, libres ya de culpa gracias a la fe, tenemos paz con Dios por medio de nuestro Señor Jesucristo" (Romanos 5:1).

Buenas Noticias de Salvación

La salvación que la gente obtiene cuando recibe a Jesucristo en su corazón tiene dos dimensiones. Primero, es salvación de la penalidad del pecado pasado. La Biblia dice: "El pago que da el pecado es la muerte" (Romanos 6:23). El pecado nos separa de Dios. Resulta en el castigo de Dios. Segundo, la salvación tiene una dimensión positiva. La segunda parte del versículo que acabo de citar dice: "Pero el regalo de Dios es vida eterna en unión con Cristo Jesús nuestro Señor." La dimensión presente de la vida eterna hecha posible por Jesús nos da el poder para vencer al pecado y para vivir vidas victoriosas. La dimensión futura de la vida eterna nos da la seguridad que estaremos con Cristo en el cielo cuando muramos (Juan 14:1-4).

Invitación al Arrepentimiento y Fe (Marcos 1:15)

Arrepentimiento Al anunciar el reino de Dios, Jesús le pidió a la gente que se arrepintieran y creyeran en las buenas noticias.

En griego la palabra arrepentimiento es *metanoia*. Significa un *cambio de mente*. Esto implica más que tristeza por las consecuencias del pecado. Una persona puede estar muy entristecida a causa de la situación en la cual se encuentra como resultado de su pecado. Sin embargo, por dentro sabe que si pudiera escapar de las consecuencias, es muy probable que hiciera la misma cosa otra vez. El verdadero arrepentimiento requiere tristeza por el pecado que se ha cometido. El pecado de violar la ley de Dios, no dar en el clavo, de fallar al no vivir según los valores establecidos por Cristo debe darnos tristeza de corazón. Tenemos que recordar que fueron los pecados de la humanidad (incluyendo los nuestros) que hicieron necesario que Cristo muriera en la cruz. Por lo tanto, el arrepentimiento significa verdadero dolor por nuestros pecados.

Fe

Jesús no llamó la gente solamente a arrepentirse; la invitó a poner su confianza en él (Hechos 4:12). El arrepentimiento implica dejar atrás nuestros pecados pasados.

La fe involucra *reconocimiento*, que significa aceptar los hechos como son. Algunas personas piensan en Jesús solamente como el bebé en el pesebre o como un Cristo muerto en la cruz. Estos hechos son acertados; sin embargo, no son la historia completa. La Biblia dice que Jesús es el Hijo de Dios quien tomó forma humana, vivió una vida sin pecar, enseño verdades divinas, murió en la cruz, resucitó de entre los muertos, está en el cielo intercediendo por nosotros, y está presente en nuestros corazones para ayudarnos en las experiencias de la vida (Romanos 10:9,10: 1 Timoteo 2:5).

La fe también involucra *compromiso*. Esto quiere decir que nosotros tomamos parte en una relación espiritual personal con Jesucristo. Como una pareja repite sus promesas matrimoniales y dicen "Sí, prometo." Nosotros nos comprometimos a una relación personal con Cristo cuando lo aceptamos como nuestro Salvador y Señor (Juan 1:12). No es suficiente saber de Jesús; tenemos de que conocerle personalmente.

La fe también involucra *confianza*. Significa confianza total, dependencia total, y firme certeza que podemos confiar en la palabra de Jesús para nuestro futuro y nuestra vida. Porque él había puesto su confianza completamente en Jesús, el Apóstol Pablo podía decir: "Porque yo sé en quién he puesto mi confianza; y estoy seguro que él tiene el poder para guardar hasta aquel día lo que me ha encomendado" (2 Timoteo 1:12).

Por lo tanto, creer en Jesús significa aceptar lo que la Biblia dice sobre el sacrificio que Jesús ofreció en la cruz para perdonar nuestros pecados. Cuando él dijo en la cruz "todo está cumplido," (Juan 19:30), él completó el trabajo de nuestra salvación. Él hizo todo lo requerido por Dios para hacer posible nuestra salvación. Por lo tanto, no hay nada que podamos añadir al trabajo de Cristo. Simplemente tenemos que arrepentirnos de nuestros pecados y confiar en Cristo. "Así pues, no hay ninguna condenación para los que están unidos a Cristo Jesús" (Romanos 8:1).

Meditemos:

1. Habiendo estudiado las enseñanzas de Jesús hemos aprendido que el evangelio es las buenas noticias de esperanza y paz. ¿Tenemos esperanza y paz en nuestros corazones hoy?

2. ¿Podemos verdaderamente decir con el compositor "Mi alma está bien"?

3. Creer en Jesús involucra reconocimiento, compromiso, y confianza.

4. ¿Hemos reconocido las verdades básicas en cuanto la vida y el ministerio de Jesús?

5. ¿Nos hemos comprometido a recibirlo en nuestros corazones y seguirlo el resto de nuestras vidas?

    _____

    _____

6. ¿Estamos seguros de que si hemos puesto nuestra confianza en él como nuestro salvador, estaremos con él en el cielo cuando muramos?

    _____

    _____

Demostración del Poder y la Divinidad del Proclamador (Marcos 2:1-13)

La Situación (vs. 1-5)

Cuando Jesús llego a Capernaúm, una gran multitud se reunió en su hogar para oír su mensaje. En lo que él hablaba, cuatro hombres llegaron cargando un hombre paralítico. Porque la casa estaba completamente llena, estos hombres decidieron hacer un hoyo en el techo y bajar al paralítico en un lecho (v. 4).

Jesús fue tan conmovido por "su fe" (la de los hombres y la del paralítico) que decidió concederle su petición (v. 4). Sin embargo, Jesús no sanó al hombre inmediatamente. En vez, declaró "Hijo mío, tus pecados quedan perdonados" (v. 5). El pueblo judío, incluyendo los líderes religiosos, creían que la razón por la cual la gente se enfermaba era porque habían pecado. Puede ser que hasta el mismo paralítico creía esto y se sentía castigado por Dios y aun alejado de él. Desde el principio, Jesús lo anima al llamarlo "hijo." Al hacerlo, expresaba el pensamiento "¡anímate! Dios no esta enojado contigo. Todo va ha estar bien." Jesús le expresó que Dios no era como los líderes religiosos lo habían representado: duro, severo, austero, crítico, y distante. El Dios, a quien Jesús vino a revelar por medio de sus palabras y acciones tiene un corazón lleno de amor y perdón. Estas palabras seguramente le sonaron como música a los oídos del paralítico. Él dijo: "tus pecados quedan perdonados." La traducción literal es "tus pecados son despedidos." La Biblia habla claramente sobre la buena voluntad de Dios para perdonar y olvidar nuestros pecados cuando nos hemos arrepentido y le hemos pedido perdón. La Biblia usa varias analogías para enfatizar este punto. Todos nuestros pecados son echados "a las profundidades del mar" (Miqueas 7:20). Son quitados del registro, borrados, y jamás recordados (Isaías 43:25). Nuestros pecados son apartados tan lejos como está el este del oeste (Salmo 103:12). Cuando nuestro arrepentimiento es genuino, el perdón de Dios es completo. La declaración por Jesús "tus pecados son despedidos," llamó la atención de los lideres religiosos inmediatamente.

La Discusión (vs. 6-7)

Los líderes religiosos inmediatamente pusieron en duda la autoridad de Jesús para hacer este tipo de declaración. Estaban en lo cierto en afirmar, "¿Cómo se atreve éste a hablar así? Sólo Dios puede perdonar pecados" (v. 7). La Biblia dice bien claro que solamente Dios tiene la autoridad para perdonar pecados. Todos nosotros como seres humanos somos pecadores (Romanos 3:23). Solamente Dios es sin pecado y es el único que puede perdonarnos nuestros pecados. Los líderes religiosos estaban en lo cierto en hacer esta declaración.

Los líderes religiosos cometieron un error al no reconocer que Jesús es Dios. Él es Dios el Hijo, la segunda persona de la Santa Trinidad. Porque de verdad no sabían quien era Jesús, lo acusaron de blasfemia. En lo esencial, estaban diciendo: "Jesús está insultando a Dios pretendiendo tomar su lugar." El castigo por blasfemia en ese tiempo era la muerte por medio de apedrear. Los líderes religiosos sentían que por fin habían atrapado a Jesús pecando contra Dios y esto les daba la justificación para matarlo.

Jesús, siendo el Hijo de Dios, reconoció los pensamientos y discernió los espíritus de los líderes religiosos. Los sorprendió al decir: "¿Por qué piensan ustedes así? ¿Qué es más fácil, decirle al paralítico: 'Tus pecados quedan perdonados', o decirle: 'Levántate, toma tu camilla y anda?'" (vs. 8,9).

El Milagro (vs. 9-12)

Obviamente, la declaración "tus pecados quedan perdonados" hubiera sido más fácil de hacer porque no requería alguna verificación externa. Cualquiera había podido haber hecho esa declaración y nadie hubiera tenido alguna prueba tangible que los pecados habían sido perdonados. Sin embargo, Jesús, dio prueba de su origen divino por medio de la realización de un milagro.

"Pues voy a demostrarles que el Hijo del Hombre tiene autoridad en la tierra para perdonar pecados. Entonces le dijo al paralítico: A ti te digo, levántate, toma tu camilla, y vete a tu casa." "El enfermo se levantó en el acto, y tomando su camilla salió de allí, a la vista de todos" (vs. 10-12).

Fue muy claro que Jesús había realizado un milagro. Todos vieron el paralítico que fue traído por los cuatro hombres. Oyeron las palabras de Jesús. Entonces vieron no solamente que el hombre fue curado, sino que también fue inmediatamente capacitado para caminar y cargar su propio lecho. La razón por cual el realizó este milagro fue "demostrarles que el Hijo del hombre tiene autoridad en la tierra para perdonar pecados."

La Respuesta

     La Biblia lo dice claramente que muchas de las personas que vieron este milagro creyeron en Jesús. La prueba es que ellos "se admiraron y alabaron a Dios, diciendo: Nunca hemos visto una cosa así." (v. 12). Sin embargo, no hay evidencia que los líderes religiosos después de haber visto este milagro, creyeran que Jesús era el Hijo de Dios. En el próximo capítulo encontramos evidencia que ellos continuaban dudando la autoridad de Jesús.

Meditemos:

1. Jesús reveló a Dios como un Padre lleno de amor y perdón. ¿Qué concepto tenemos nosotros acerca de Dios?

   _____

   _____

2. Jesús le dijo al paralítico que sus pecados le eran "perdonados." ¿Tenemos la seguridad que nuestros pecados han sido perdonados y olvidados por Dios?

   _____

   _____

3. Cuando la gente vio el milagro que Jesús realizó, ellos creyeron en Jesús y alabaron a Dios. ¿Después de haber visto evidencia de la naturaleza divina de Jesús tanto en la Biblia como en nuestras vidas, hemos creído en él como nuestro todo-suficiente Salvador personal?

   _____

   _____

Verso Bíblico Para Memorizar:

"Hijo, tus pecados quedan perdonados" (Marcos 2:5).

Oración:

Querido Jesús, como el paralítico y sus compañeros, quiero poner mi fe en ti. Líbrame de las cosas que me paralizan y me impiden caminar victoriosamente en tu presencia, amén.

CAPÍTULO 9

LA TRANSFIGURACIÓN DE JESUS

(San Lucas 9:28-36)

La Transfiguración de Jesús ha sido llamada por el Papa Juan Pablo II "el misterio de luz por excelencia." [1] En esta experiencia, la "gloria de Dios brilla desde el rostro de Jesús."[2] Este evento no es solamente visto por los más íntimos discípulos de Jesús (San Pedro, San Juan y Santiago), sino que también es confirmado por los dos patriarcas representando el pacto de Dios con su gente. Jesús, los patriarcas, y los discípulos son rodeados por una nube que provee evidencia visible de la gloria de Dios. Estas manifestaciones divinas se realizaron por Dios con un propósito relacionado directamente a la naturaleza divina de Jesús y las dimensiones temporales y eternas de su misión en la tierra.

La Reunión de Oración (v. 28)

"Unos ocho días después de esta conversación, Jesús subió a un cerro a orar acompañado por Pedro, Santiago y Juan. Jesús había dicho: 'algunos de los que están aquí presentes, no morirán sin antes haber visto el reino de Dios'" (v. 27). Aunque algunos después pensaron que Jesús se refería a su segunda venida a la tierra, esta fue una referencia a la manifestación de la gloria de Dios en la Transfiguración de Jesús. Es obvio que los tres discípulos que Jesús invitó a orar con él en el monte no se daban cuenta de la maravillosa experiencia que le esperaba. Simplemente aceptaron su invitación a orar.

Durante todo su ministerio terrenal Jesús tomó tiempo para alejarse de las presiones de la multitud y pasar tiempo a solas con Dios. Su oración en el jardín de Getsemaní es un ejemplo de la manera en la cual Jesús procuraba la voluntad del Padre (Marcos 14:32-42). La oración de Jesús documentada en Juan 17 revela las peticiones que él presentó al Padre en favor de sus seguidores. La oración de Jesús en Mateo 11:25-27 revela su conocimiento íntimo del Padre celestial y su íntima relación con él. La oración conocida ahora como "El Padre Nuestro," fue compartida por Cristo con sus discípulos cuando le dijeron "Señor, enséñanos como orar." Ellos habían observado las disciplinas de oración de Jesús y sus efectos en él y en otros. Esto los motivó a pedir ayuda del Señor en cuanto sus hábitos de oración. Por medio de la oración, Jesús se mantenía en contacto con su Padre celestial, procuraba su voluntad, e intercedía por sus discípulos. Por lo tanto no era raro que Jesús invitara estos tres discípulos a pasar un tiempo con él, orando en un lugar apartado.

La Manifestación (v. 29)

"Mientras oraba, el aspecto de su cara cambió, y su ropa se volvió muy blanca y brillante."

Esto insinúa una fuente de iluminación tanto interna como externa. La cara de Jesús cambió apariencia. Había un resplandor que venía de adentro. El Espíritu iluminaba su ser entero. Esto es un indicio del hecho que todo lo de Dios habitaba en él. A su debido tiempo, a estos tres discípulos se les dio la oportunidad para ver la evidencia arrolladora de la divinidad de Jesús. Estaba el resplandor desde adentro lo mismo que el brillo de la gloria de Dios resultando en el resplandor del vestido de Jesús.

Esta fue la verdadera manifestación de la presencia de Dios dentro y alrededor de Jesús. Esto distinguió a Jesús de todos los seres humanos que han caminado la faz de la tierra. Jesús es el único ser humano/divino que ha existido. Por esto Juan pudo escribir: "Aquel que es la Palabra se hizo hombre y vivió entre nosotros, lleno de amor y verdad. Y hemos visto su gloria, gloria que como Hijo único recibió del Padre" (Juan 1:14).

Los Visitantes Celestiales
(Lucas 9: 30-33)

"Y aparecieron dos hombres conversando con él. Eran Moisés y Elías, que estaban rodeados de un resplandor glorioso y hablaban de la muerte que Jesús iba a sufrir en Jerusalén" (vs. 30-31).

Moisés y Elías, como representantes del Pacto Antiguo que Dios había hecho con su gente, vinieron desde el cielo a la tierra para consagrar a Jesús quien iba a morir en la cruz no mucho después de este evento. La presencia de Moisés, el supremo donante de la ley, y Elías, el primero y más grande de los profetas trajo afirmación a Jesús cuando él hacía preparación para su muerte sacrificial. Barclay declara:

> Esto significa que ellos vieron en Jesús la consumación de todo lo que habían soñado en el pasado. Significa que lo vieron según todo lo que la historia había anhelado y esperado. Es como si en ese momento Jesús fue asegurado que él estaba en el camino correcto porque toda la historia había estado dirigiéndose a la cruz.[3]

Tenía que haber sido confortante para Jesús hablar con los dos patriarcas glorificados que entendieron lo que él iba a padecer en la cruz. Varias veces él había tratado de compartir con sus discípulos lo que le iba a pasar en el Calvario pero ellos simplemente no entendieron. Ningún simple humano podría haber entendido la agonía física y espiritual que Jesús experimentaría al cargar en su cuerpo y en su alma los pecados del mundo. La Biblia dice, "Cristo no cometió pecado alguno; pero por causa nuestra, Dios lo trató como al pecado mismo, para así, por medio de Cristo librarnos de culpa" (2 Corintios 5:21).

Los discípulos habían sido estremecidos por la declaración de Jesús que él tenía que ir a Jerusalén y ser matado (Marcos 8:31). Para ellos era increíble e incomprensible que el Mesías tuviera que sacrificar su vida en una cruz cruel. Ellos veían al Mesías como un conquistador irresistible, no como una ofrenda sacrificial. El ver la Transfiguración les daría a estos discípulos algo de esperanza. No entendieron totalmente la misión divina/humana de Jesús. Esto no pasaría hasta la resurrección de Jesús. Cuando por fin entendieron esto, estuvieron dispuestos a arriesgar sus vidas a causa de las verdades divinas que les habían sido reveladas. Mas tarde San Pedro escribió: "La enseñanza que les dimos sobre el poder y el regreso de nuestro Señor Jesucristo, no consistía en cuentos inventados con maña, pues con nuestros propios ojos vimos al Señor en su grandeza. Lo vimos cuando Dios el Padre le dio honor y gloria, cuando la voz de Dios le habló de aquella gloriosa manera: "Este es mi Hijo amado, a quien he elegido" (2 Pedro 1:16, 17). San Juan también escribió, "y hemos visto su gloria, la gloria que como Hijo único recibió del Padre" (Juan 1:14). La Transfiguración marcó, como con un hierro candente en los corazones de estos discípulos el hecho que Jesucristo es el Hijo de Dios y no hay nadie más como él en el universo entero.

Meditemos:

1. ¿A luz de la Transfiguración, que posición ocupa Jesucristo en nuestros corazones y en nuestras mentes?

   _____
   _____
   _____

2. ¿Es Jesús solamente uno de los muchos líderes religiosos definidos en la Biblia o ocupa él un lugar único en nuestros corazones?

   _____
   _____

3. ¿Es él solamente un profeta como la mujer Samaritana pensó al principio (Juan 4:19) o el Mesías como ella descubrió mas tarde (Juan 4:25)?

   _____
   _____

La Repuesta de los Testigos Terrenales (Lucas 9:33)

"Cuando aquellos hombres se separaban ya de Jesús, Pedro dijo: Maestro, ¡qué bien que estemos aquí! Vamos a hacer tres chozas: una para ti, otra para Moisés y otra para Elías. Pero Pedro no sabía lo que decía."

Cuando Pedro, Juan y Santiago vieron la gloria de Dios adentro y alrededor de Jesús y ellos vieron a Moisés y Elías hablando con él, estaban totalmente asombrados. Pedro expresó sus sentimientos cuando dijo, "Maestro, que bien que estemos aquí." Era un sentimiento de felicidad tan indescriptible que él parece casi como un niño en la manera en la cual lo expresa. Estaba conmovido por esta experiencia que no sabía exactamente como expresar sus emociones con palabras sensibles. También está el sentido que él quería que esta experiencia durara por siempre. Las tres enramadas serian para Jesús y los dos testigos celestiales. No pensó en sí mismo ni en sus compañeros, los otros discípulos. Simplemente quería seguir agarrado a la presencia celestial antes que se desapareciera delante de sus ojos. La presencia del Salvador glorificado trae gozo indescriptible a aquellos que lo reciben en sus corazones.

Meditemos:

1. ¿Creemos que es posible experimentar la presencia de Jesús en nuestras vidas?

2. ¿Estamos satisfechos con simplemente saber *de* Jesús en vez de *conocerle* de una manera personal?

3. ¿Consiste nuestra experiencia espiritual de solamente observar una serie de reglas o de seguir costumbres religiosas?

4. ¿Podemos experimentar la presencia viva de Cristo en nuestros corazones cuando leemos la Biblia y hablamos con él directamente por medio de la oración?

La Nube (Lucas 9:34)

"Mientras hablaba, una nube los envolvió en su sombra, y al verse dentro de la nube tuvieron miedo."

A través de su historia, los judíos asociaban la presencia de Dios con una nube. Era una nube la que rodeaba a Moisés cuando él se reunió con Dios. Esta nube, que rondaba sobre el tabernáculo, les daba a los peregrinos judíos la seguridad que Dios estaba con ellos. Cuando la nube se movía, era la señal para que ellos siguieran adelante (Éxodo 40:34-38). En la Transfiguración de Jesús, la gloria *Shekina* de Dios cubrió a Jesús y aquellos que estaban con él. La nube que anteriormente había llenado el santuario del Señor, ahora recibe a Jesús y sus compañeros dentro del tabernáculo de gloria. Esto proveyó para los discípulos una poderosa confirmación de la divinidad de Cristo y de su misión terrenal.

La Voz (v. 35)

Entonces de la nube salió una voz, que dijo: "Este es mi Hijo mi elegido: escúchenlo:"

La misma voz que había hablado en el bautismo de Jesús (Lucas 3:22, Mateo 3:17) y en el templo (Juan 12:28), habló otra vez para confirmar la relación única de Dios con Jesús. También proveyó una afirmación del ministerio de Jesús. Esto enfatiza la singularidad de Jesús en el universo entero. Él es el único a quien Dios describe como "su Hijo." Jesús se refirió a esta relación singular cuando le dijo a Nicodemo: "Pues Dios amó tanto al mundo, que dio a su Hijo único, para que todo aquel cree en él, no muera, sino que tenga vida eterna" (Juan 3:16).

"Escúchenlo." A pesar de la historia distinguida y los ministerios poderosos de Moisés y Elías, Dios no dice óiganlos a ellos. Ellos, como Juan el Bautista, vinieron paras preparar el camino, pero Jesús es "El Escogido," el Salvador del Mundo.

Meditemos:

1. ¿A quien oímos cuando tenemos preguntas serias o nos enfrentamos con decisiones difíciles en nuestras vidas?

   _____
   _____

2. ¿Hay algún significado en el hecho que Dios no instruyó a los discípulos a oír a Moisés o Elías?

   _____
   _____

3. ¿Podemos oír a Jesús cuando estudiamos sus enseñanzas en la Biblia?

   _____
   _____

4. ¿Quién es nuestra autoridad mayor cuando tenemos preguntas sobre nuestro destino eterno, Jesús u otra persona?

   _____
   _____

La Figura Central (v. 36)

"En el momento en que la voz se escuchó, Jesús estaba solo. Pero ellos mantuvieron esto en secreto y en aquel tiempo a nadie dijeron nada de lo que habían visto."

Moisés y Elías tenían misiones muy importantes aquí en la tierra. Cuando llegaron al fin de su viaje, Dios los llevo al cielo. En la Transfiguración Dios los trajo a la tierra para consagrar al Mesías para su muerte sacrificial. El rol de Moisés y Elías fue limitado a testificar a la naturaleza divina de Jesús. Jesús no oro a ellos. Él no pidió a Moisés y Elías que intercedieran por los discípulos. Él no instruyó los discípulos que oraran a Moisés y Elías. Ellos tenían su lugar en el plan de Dios para su gente. Sin embargo, cuando ellos cumplieron su misión ellos se fueron. Solamente Jesús se quedo. Por lo tanto, Jesús es el único Salvador del Mundo. Aunque mucha gente sirvió a Dios por medio de sus vidas, ellos no murieron en la cruz por nuestros pecados. Pedro y Juan, testigos de la Transfiguración, animaron a la gente que pusieran su fe en Jesús como su único salvador.

San Pedro dijo:

"Este Jesús es la piedra que ustedes constructores despreciaron, pero se ha convertido en la piedra principal. En ningún otro hay salvación; porque en todo el mundo Dios no nos ha dado otra persona por la cual podamos ser salvos" (Hechos 4:11,12).

San Juan declaro:

Jesús hizo muchas otras señales milagrosas delante de sus discípulos, las cuales no están escritas en este libro. Pero éstas están escritas para que ustedes crean que Jesús es el Mesías, el Hijo de Dios, y para que creyendo en él tengan vida (Juan 20:30,31).

La Biblia dice:

Jesús, el Hijo de Dios, es nuestro gran sumo sacerdote que ha entrado en el cielo. Por eso debemos seguir firmes en la fe que profesamos. Pues nuestro sumo sacerdote puede compadecerse de nuestra debilidad, porque él también estuvo sometido a las mismas pruebas que nosotros, sólo que él jamás pecó (Hebreos 4:14,15).

Jesús mismo dice:

Yo soy el camino, y la verdad, y la vida. Solamente por mí se puede llegar al Padre (Juan 14:6).

Meditemos

1. ¿Quien es el único que puede darnos salvación eterna?
   _____

2. ¿A quién debemos orar?
   _____

3. A luz de las enseñanzas en esta porción de la Biblia, ¿podemos concluir que debemos apreciar y respetar a las personas que han servido a Dios, pero debemos orarle directamente a Jesús?
   _____

4. ¿Quién es el único que puede salvarnos de nuestros pecados?
   _____

5. ¿Cómo debemos acercarnos al trono de gracia cuando oramos, con miedo o confianza?
   _____

Verso Bíblico Para Memorizar

"Este es mi Hijo, mi elegido: escúchenlo" (Lucas 9:35).

Oración:

Padre celestial, te doy gracias por haber mandado a tu Hijo Jesucristo para morir en la cruz por mis pecados. Me arrepiento de mis pecados e invito a tu Hijo a ser mi Salvador y Señor. Gracias por oír mi oración, amen.

Notas

[1] Juan Pablo II, Carta Apostólica, 11.
[2] Ibíd.
[3] William Barclay, *The Gospel of Mark*, Philadelphia: Westminster Press, 1956, 216.

CAPÍTULO 10

LA INSTITUCIÓN DE LA EUCARISTÍA

(San Lucas 22:7-20)

A través de los siglos la Eucaristía ha tenido profundo significado para los cristianos. La Eucaristía está en el fondo de la misión salvadora de Jesús en la tierra. El Papa Juan Pablo II se refiere a este misterio como uno en el cual Jesús, "testifica 'hasta el fin' su amor para la humanidad (Juan 13:1), para cuya salvación él se ofrecerá a sí mismo como sacrificio."[27] Cuando Jesús instituyó la Eucaristía, él enseño a sus discípulos el significado de la muerte sacrificial que él estaba por experimentar en la cruz. Sabiendo que sus discípulos estaban concientes de las implicaciones históricas y religiosas de la Pascua, Jesús usó esa ocasión para instruirles sobre la infinitamente mayor liberación que ellos recibirían como resultado de su muerte en la cruz. Hoy, consideramos la Eucaristía en términos de su perspectiva pasada, presente, y futura. Considerando la Eucaristía desde la perspectiva del pasado nos motiva a enfocarnos en su institución originada por Jesucristo. Considerando la Eucaristía en términos del presente nos motiva a procurar descubrir lo que significa para nosotros participar apropiadamente y dignamente en nuestra época. Considerando la Eucaristía en términos del futuro nos inspira a reconocer que el tiempo vendrá cuando todos los que hemos puesto nuestra fe y confianza en Jesús como nuestro Salvador y Señor celebraremos la Eucaristía en el cielo con él (Lucas 22:18).

Veamos ahora la preparación para la Eucaristía, la institución de la Eucaristía, y las implicaciones de la Eucaristía.

La Preparación de la Eucaristía (Lucas 22:7-13)

Jesús instituyó la Eucaristía en conexión con la celebración de la Pascua judía. La fiesta de la Pascua conmemoraba la liberación de la gente judía de su esclavitud en Egipto. Tenía un rico significado histórico, espiritual y simbólico que señalaba a la venida del Mesías. Basado en su sabiduría divina, Jesús escogió esta ocasión para instituir la Eucaristía, de este modo estableciendo una conexión entre el sacrificio del cordero de la Pascua y el sacrificio infinitamente mayor que él, el cordero de Dios (Juan 1:29), ofrecería para los pecados del mundo.

La Preparación Habitual

Según la costumbre judía, la preparación para la celebración de la Pascua era muy precisa y deliberada. Había ciertas cosas que se tenían que hacer para que la celebración fuera considerada apropiada históricamente y espiritualmente.[28]

La Búsqueda de la Levadura

El primer paso en la preparación de la Pascua era buscar la levadura. Antes de la celebración cada grano de levadura tenía que ser sacado de la casa. Esto señalaba al pan sin levadura que el pueblo judío comió en la primera pascua cuando escapaban de Egipto. Pan sin levadura se podía cocer al horno más rápidamente que el pan con levadura, que requería tiempo para que la levadura creciera. Mas allá de conmemorar el apuro con el cual ellos se habían ido de Egipto, comer pan sin levadura expresaba el significado de pureza. Los judíos consideraban la levadura como un símbolo de corrupción. La levadura se identificaba con fermentación y putrefacción. El día antes de la Pascua, la costumbre era que el padre de familia encendía una vela y buscaba la levadura en la casa.

El Sacrificio del Cordero de la Pascua

El sacrificio del Cordero de la Pascua ocurría en la tarde antes de la noche de Pascua. Todos iban al templo. Se requería que el adorador matara su propio cordero, de tal manera haciendo su propio sacrificio. Al cortarle el pescuezo al cordero, los sacerdotes ponían la sangre en una taza y la estrellaban en el altar. Según el pensar judío, la sangre se asociaba con la vida. Por lo tanto, la vida del cordero se estaba sacrificando por los pecados del adorador. Entonces, el cordero se llevaba a casa y se asaba sobre un fuego y era comido como la cena de Pascua.

La Cena de Pascua

La cena de Pascua tenía varias cosas que son ricas en su valor histórico y simbólico.

El Cordero

El cordero le recordaba a la gente judía del cordero que cada familia había matado en Egipto y la sangre que ellos habían puesto en los dinteles y los postes de sus casas. Estas fueron las casas que el ángel del Señor no condenó cuando mató cada primogénito en la tierra de Egipto (Éxodo 12:21-29). Esto fue el castigo que se necesitó para que Faraón le diera permiso a los judíos para irse de Egipto (Éxodo 12:30-32). Por lo tanto, el sacrificio del cordero, tenía gran significado para los judíos, especialmente durante la celebración de la pascua cuando sus casas no fueron condenadas por el ángel del Señor.

El Pan sin Levadura

Durante la celebración de la cena, los judíos no solamente botaban el pan con levadura; cocían al horno pan sin levadura. Esto le recordaba a ellos el apuro con el cual ellos habían salido de Egipto (Éxodo 12:14,15).

La Taza de Agua Salada

En cada celebración de la Pascua, había una taza conteniendo agua salada. Esto le recordaba a los judíos de las aguas del mar rojo que cruzaron milagrosamente cuando el ejército Egipcio los perseguía (Éxodo 14:10-30).

La Pasta

En cada cena de Pascua también había una pasta llamada *Caroset*, que era una mezcla de dátiles, granadas, manzanas y nueces. Esto les recordaba a ellos del barro que sus antepasados habían usado para hacer ladrillos cuando sirvieron como esclavos en Egipto. Ponían palitos de canela en el barro para recordarse de la paja que habían usado en los ladrillos que habían hecho.

Las Copas de Vino

En la celebración de Pascua también había cuatro copas de vino que se tomaban en diferentes etapas de la cena. Esto les recordaba de las cuatro promesas que Dios les había hecho in Éxodo 6:6-7. Para ellos, estas promesas eran un pacto, un acuerdo que Dios había hecho con ellos como su pueblo. Estas promesas, encontradas en Éxodo 6:6,7, eran:

"Voy a librarlos de su esclavitud"
"y de los duros trabajos a que han sido sometidos por los egipcios"
"Desplegaré mi poder y los salvaré con grandes actos de justicia."
"Los tomaré a ustedes como pueblo mío y yo seré su Dios.
"Así sabrán que yo soy el Señor su Dios

A la luz del hecho que cada detalle de la cena de Pascua tenía un significado profundo histórico y simbólico, la preparación para esta celebración era de mayor importancia. Conmemoraba el día cuando Dios había librado al los judíos de su servidumbre en Egipto. Había varios aspectos de esta cena, que señalaban a la liberación del pecado que la gente experimentaría como resultado del sacrificio del cordero de Dios en la cruz de Calvario.

La Preparación que Cristo Hizo (Lucas 22)

Cuando vino el día de la Fiesta los Panes Sin Levadura, el día para sacrificar el cordero de la pascua, él mando a Pedro y Juan, instruyéndole, "Vayan a prepararnos la cena de Pascua." Ellos le preguntaron, "¿Dónde quieres que la preparemos?" Y él les contestó, "Cuando entren ustedes en la ciudad encontrarán a un hombre que lleva un cántaro de agua. Síganlo hasta la casa donde entre, y digan al dueño de la casa: el maestro pregunta: ¿Cuál es el cuarto donde voy a comer la cena de la Pascua? Él les mostrará en el piso alto un curto grande y arreglado. Preparen allí la cena.. Ellos fueron lo encontraron como Jesús lo había dicho, y prepararon la cena de la Pascua" (vs. 7-13).

Este pasaje de las escrituras hace bien claro que Jesús consideraba este evento tan importante que él hizo arreglos especiales de antemano para que todo estuviera en su lugar apropiado durante la celebración de esta fiesta memorial conocida como la Pascua. Él deseaba que la cena fuese preparada de antemano. También quería que el lugar en cual era celebrado fuera apropiado para la ocasión. El verso 13 afirma el hecho que "Ellos fueron y lo encontraron todo como Jesús les había dicho" y que la cena de Pascua fuese preparada de acuerdo con las instrucciones que Jesús les había dado. Indudablemente, Jesús estaba preocupado con los detalles de la celebración de la Pascua. Cada detalle era importante a causa de sus implicaciones históricas y simbólicas. Aun más importante que esto para Jesús era el hecho que él quería pasar una noche de compañerismo y oración con sus discípulos sin ser interrumpido.

La Celebración de la Pascua

"Cuando llegó la hora, Jesús y los apóstoles se sentaron a la mesa. Jesús les dijo: ¡Cuánto he querido celebrar con ustedes esta cena de Pascua antes de mi muerte! Porque les digo que no volveré a celebrarla hasta que se cumpla en el reino de Dios" (vs. 14-16).

Es absolutamente extraordinario que a esta hora Jesús esta consciente de su inminente muerte en la cruz. Lo hace muy claro cuando expresa su deseo de celebrar la Pascua antes que él sufra. Sin embargo, no está pensando en sí mismo o en Judas quien estaba por traicionarlo. En vez, Jesús se enfoca en sus discípulos para quien él es no solamente redentor sino también amigo.[29] El había anhelado esta reunión en particular porque amaba mucho a sus discípulos y quería pasar este rico tiempo de compañerismo con ellos. Hay un sentido en cual esto era una cena de despedida para él. Él no tendría una cena como esta con ellos "hasta que se cumpla en el reino de Dios." La cena prepararía a sus discípulos para la institución de la Eucaristía. Sin embargo, Jesús señala más allá de la celebración terrenal de la Eucaristía. "El Señor señala a la cena eterna de coronación de su iglesia glorificada, la imagen brillante de la cena eterna, la celebración anticipada en la cena del pacto del Nuevo Testamento que él establece. Como nuestro salvador ve en el cordero de la Pascua un modelo de su propio sacrificio inmaculado, así también ve en la celebración Pascual un símbolo de el gozo perfecto en el cielo."[30] Tanto para los discípulos como para la iglesia, la Eucaristía no tenía solamente una dimensión actual, sino también una dimensión eterna. Esto es lo que hace la práctica de la Eucaristía de gran significado para nosotros hoy.

La Institución de la Eucaristía

La celebración de la Pascua seguía pasos muy específicos: 1) La copa del *Kiddush* (santificación) que el padre de familia tomaba, oraba sobra ella y entonces se la bebía toda; 2) El primer lavamiento de manos; 3) El comer perejil o lechuga; 4) El compartir del pan; 5) El contar el cuento de la liberación; 6) El cantar de los Salmos 113 y 114; 7) El beber de la segunda copa (de proclamar); 8) El segundo lavamiento de las manos; 9) El dar gracias; 10) El comer las hierbas amargas; 11) La comida en si; 12) El tercer lavamiento de manos; 13) El resto del pan sin levadura es comido; 14) La oración de gracias y la tercera copa es bebida; 15) La segunda parte del *Hallel* (Salmos 115-118) es cantado; 16) La cuarta copa es bebida y el Salmo 136 es cantado; y 17) dos oraciones breves son dichas.[31] Los escritores de los evangelios no dan información específica referente a la celebración de la Pascua más que decir que la celebraban. La institución de la Eucaristía fue un hecho especial durante la celebración de la Pascua. Jesús alió la Eucaristía con la fiesta antigua de su gente para que fuera impresa dramáticamente en las mentes de sus seguidores. Al tiempo apropiado en la celebración, Jesús tomó dos artículos de la cena Pascual que eran ricos en su valor histórico y simbólico y le dio significados nuevos y eternos cuando el instituyó la Eucaristía. Estos fueron la copa y el pan.

La Copa

"Entonces tomó en sus manos una copa y, habiendo dado gracias a Dios, dijo: Tomen esto y repártanlo entre ustedes; porque les digo que no volveré a beber del producto de la vid, hasta que venga el reino de Dios." (Lucas 22:17,18).

Durante la cena Pascual, el padre de familia tomaba la copa, oraba por ella, y se la bebía toda.[32] Por costumbre, la oración durante la celebración de la Pascua era: "Bendito seas tu, O Señor nuestro Dios, el Rey del mundo, quien ha creado la fruta de la viña."[33] Después de ofrecer una oración, Jesús pasó la copa para que sus discípulos pudieran compartir de ella.

El compartir la copa tuvo un nuevo significado cuando Jesús dijo: "Porque esto es mi sangre, con la cual se confirma el pacto, la cual es derramada." El viejo pacto, que Dios había establecido con su gente, fue sellado con la sangre de animales quienes habían sido ofrecidos como un sacrificio a Dios. Éxodo 24 dice:

> Moisés fue y le contó al pueblo todo lo que el Señor había dicho y ordenado, y todos a una voz contestaron: ¡Haremos todo lo que el Señor ha ordenado! Entonces Moisés escribió

todo lo que el Señor había dicho, y al día siguiente, muy temprano, se levantó y construyó un altar al pie del monte, y colocó doce piedras sagradas, una por cada tribu de Israel. Luego mandó a unos jóvenes israelitas que mataran toros y los ofrecieran al Señor como holocaustos y sacrificios de reconciliación. Moisés tomó la mitad de la sangre y la echó en unos tazones, y la otra mitad la roció sobre el altar. Después tomó el libro del pacto y se lo leyó al pueblo, y ellos dijeron: Pondremos toda nuestra atención en hacer lo que el Señor ha ordenado. Entonces Moisés tomó la sangre y rociándola sobre la gente dijo: Esta es la sangre que confirma el pacto que el Señor ha hecho con ustedes, sobre la base todas estas palabras (vs. 3-8).

Al instituir la Eucaristía, Jesús estableció un nuevo pacto (acuerdo) con la gente que confiaría en él. Este nuevo pacto es descrito en el libro de Hebreos:

Este es El pacto que haré con ellos después de aquellos días, dice el Señor: Pondré mis leyes en su corazón, y las escribiré en su mente. Y no me acordaré más de sus pecados y maldades. Así pues cuando los pecados han sido perdonados, ya no hay necesidad de más ofrendas por el pecado" (Hebreos 10:16-18).

Este nuevo pacto fue cumplido en Jesús, por medio de su sacrificio en la cruz. El pacto viejo fue sellado con la sangre de animales que fueron ofrecidos como sacrificios. El nuevo pacto fue sellado con la preciosa sangre de Jesús. Él dijo: "Beban todos ustedes de esta copa, porque esto es mi sangre, con la que se confirma el pacto, la cual es derramada a favor de muchos." En base de la confianza en el sacrificio perfecto que Jesús ofreció por nosotros en la cruz, San Juan pudo afirmar: "Pero si vivimos en la luz así como Dios está en la luz, entonces hay unión entre nosotros, y la sangre de su Hijo Jesucristo nos limpia de todo pecado" (I Juan 1:7). El escritor del libro de Hebreos explica: "No es como los otros sumos sacerdotes, que tienen que matar animales y ofrecerlos cada día el sacrificios primero por sus propios pecados y luego por los pecados del pueblo. Por el contrario, Jesús ofreció el sacrificio una sola vez y para siempre, cuando se ofreció a sí mismo" (Hebreos 7:27). Añade: Dios nos ha consagrado porque Jesucristo hizo la voluntad de Dios al ofrecer su propio cuerpo en sacrificio una sola vez y para siempre. Todo sacerdote judío oficia cada día y sigue ofreciendo muchas veces los mismos sacrificios, aunque éstos nunca pueden quitar los pecados. Pero Jesucristo ofreció por los pecados un solo sacrificio para siempre, y luego se sentó a la derecha de Dios" (Hebreos 10:10-12).

El Pan

> "Después tomó el pan en sus manos, y habiendo dado gracias a Dios, lo partió y se lo dio a ellos diciendo: Esto es mi cuerpo entregado a muerte a favor de ustedes. Hagan esto en memoria de mí" (Lucas22:19).

Durante la cena Pascual, dos bendiciones eran usadas al compartir el pan. "Bendito seas tu, O Señor, nuestro Dios, Rey del Universo, quien causa el crecimiento en la tierra. O Bendito eres, nuestro Padre en el cielo quien hoy nos das el pan necesario para nosotros."[34] El pan sin levadura les recordaba a los Judíos del pan de aflicción que comían en Egipto. Era partido para recordarles que los esclavos jamás tienen un pan entero, sino solamente pedazos de la corteza del pan para comer. El padre de familia decía: "Este es el pan de aflicción que nuestros antepasados comían en la tierra de Egipto. Cualquiera que tenga hambre deje que él venga y coma. Cualquiera que tenga necesidad que venga y celebre la Pascua con nosotros."[35]

Cuando Jesús partió el pan al instituir la Eucaristía, mantuvo la idea de quebrantamiento, pero la aplicó al quebrantamiento que su cuerpo experimentaría como resultado de su sacrificio en la cruz. Isaías, el profeta, había profetizado que el cuerpo de Jesús seria quebrantado:

> ¿Quién va a creer lo que hemos oído? ¿A quién ha revelado el Señor su poder? El Señor quiso que su siervo creciera como planta tierna que hunde sus raíces en la tierra seca. Nunca tenía belleza ni esplendor, su aspecto no tenía nada atrayente; los hombres lo despreciaban y lo rechazaban. Era un hombre lleno de dolor acostumbrado al sufrimiento. Como a alguien que no merece ser visto, lo despreciamos, no lo tuvimos en cuenta. Y sin embargo él estaba cargado con nuestros sufrimientos, estaba soportando nuestros propios dolores. Nosotros pensamos que Dios lo había castigado y humillado. Pero fue traspasado a causa de nuestra rebeldía, fue atormentado a causa de nuestras maldades; el castigo que sufrió nos trajo la paz, por sus heridas alcanzamos la salud. Todos nosotros nos perdimos como ovejas, siguiendo cada uno su propio camino, pero el Señor cargó sobre él la maldad de todos nosotros. (Isaías 53:1-6).

Esto es exactamente lo que Jesús experimentó en su cuerpo cuando él se ofreció sí mismo como sacrificio en la cruz cruel. El fue golpeado, una cruz de espinas fue puesta en su cabeza, clavos penetraron sus manos y sus pies, y una lanza penetró su lado. El cuerpo de Jesús fue quebrantado por nosotros. Juan el Bautista había dicho de él: "¡Miren, éste es el Cordero de Dios, que quita el pecado del mundo!" (Juan 1:29). Así como un cordero era matado para cargar los pecados del pecador, Jesús ofreció su cuerpo para ser matado por nuestros pecados. Los sacrificios de los corderos tenían que ser ofrecidos repetidas veces. El sacrificio de Jesús en la cruz por nuestros pecados fue ofrecido una vez y para siempre. "Porque por medio de una sola ofrenda hizo perfectos para siempre a los que han sido consagrados a Dios" (Hebreos 10:14). No podemos hacer nada para merecer nuestra salvación; lo que necesitamos hacer es aceptar a Jesús como el único que nos puede salvar, porque él es el único que murió por nosotros en la cruz.

Meditemos:

> Cuando Jesús instituyó la Eucaristía, él dijo: "hagan esto en memoria de mi" (v. 19).

1. Cuando compartimos del vino, ¿meditamos en la sangre de Cristo que fue derramada por nosotros en la cruz?
   _____
   _____

2. Cuando compartimos del pan, ¿meditamos en el cuerpo de Jesús que fue quebrantado por nosotros?
   _____
   _____

3. Cuando compartimos de la Eucaristía ¿pensamos acerca del propósito que Jesús tenía para morir en la cruz?
   _____
   _____

4. ¿Hemos aceptado el sacrificio de Jesús en la cruz como el sacrificio perfecto por nuestros pecados, o estamos tratando de salvarnos mediante nuestros propios esfuerzos?
   _____
   _____

5. ¿Hemos recibido a Jesús como nuestro único salvador?

Verso Bíblico Para Memorizar:

"Pero Jesucristo ofreció por los pecados un solo sacrificio para siempre, y luego se sentó a la derecha de Dios (Hebreos 10:12).

Oración:

Querido Jesús, te doy gracias de lo profundo de mi corazón por haber ofrecido tu sangre y tu cuerpo como un sacrificio por mí. Te recibo como mi único salvador. Perdóname mis pecados y ven a vivir en mi corazón, amén.

Notas

[27] John Paul II, Carta Apostólica, op., cit., 11.
[28] William Barclay, *The Gospel of Mark,* Philadelphia: Westminster Press, 1956, 347-350.
[29] Lange, *The Gospel According to Luke*, 336.
[30] Ibid.,336.
[31] William Barclay, op. cit., 353-56.
[32] Ibid., 353.
[33] Lange, *The Gospel According to Luke*, 336.
[34] William Barclay, op. cit., 355.
[35] Ibid., 354.

TERCERA PARTE

LOS MISTERIOS DOLOROSOS

Los Misterios Dolorosos reciben gran prominencia en la Biblia. Todos los escritores de los Evangelios dedican porciones significativas a los eventos que recalcaron esta fase del ministerio terrenal de Jesús. Estos eventos son registrados por los evangelistas para que las personas puedan encontrar la revelación del amor de Dios y la fuente de la salvación.

La secuencia de estos eventos comienza con *La Agonía de Jesús* en el jardín. Allí en Getsemaní Jesús oró la oración más crucial de su ministerio terrenal: "Padre, si quieres, líbrame de este trago amargo, pero no se haga mi voluntad sino la tuya" (San Lucas 22:42). Después de esto, Jesús fue *Azotado al lado del Pilar* (San Mateo 27:25-26). La gente escogió a Barrabás para ser puesto en libertad en vez de Jesús. Antes de entregarlo para ser crucificado, Pilato permitió que los soldados azotaran a Jesús. *La Coronación con Espinas* (San Mateo 27:28-29) fue hecha por los soldados los cuales se burlaban de Jesús. Después de esto *Cristo Cargó la Cruz*, (San Juan 19:17-18). La golpiza que recibió Jesús fue tan brutal que él se calló mientras cargaba la cruz. Los soldados ordenaron a Simón de Cirene que cargara la cruz. Esto culminó en la *Crucifixión y Muerte de Jesús* (San Lucas 23:45-46).

Los *Misterios Dolorosos* nos ayudan a comprender la severidad del sufrimiento de Jesús y la profundidad de su amor por nosotros. El nos amó tanto que "por obediencia fue a la muerte, a la vergonzosa muerte en la cruz" (Filipenses 2:8). Que nuestra meditación en *Los Misterios Dolorosos* abra nuestros corazones para recibir al que murió en la Cruz para nuestra salvación.

CAPÍTULO 11

LA AGONÍA EN EL HUERTO

(San Lucas 22:32-46)

La serie de *Misterios Dolorosos* comienza con *La Agonía En El Huerto*. En varias ocasiones Jesús les había dicho a sus discípulos que él iba a ir a Jerusalén y ofrecer su vida para la salvación de la humanidad. Finalmente, el tiempo había llegado para que todas las profecías referentes a su muerte en la cruz se cumplieran (Lucas 22:22). "Luego Jesús salió y, según su costumbre, se fue al monte de los Olivos; y los discípulos lo siguieron" (Lucas 22:39).

El Anhelo de Jesús de Compañerismo Humano

Cuando se acercó la hora de su muerte, Jesús sintió un fuerte deseo de compañerismo humano. Su deseo de disfrutar compañerismo humano indicó que Jesús fue verdaderamente humano. Como lo dijo San Juan, "Y aquel que es la Palabra se hizo hombre, y vivió entre nosotros" (Juan 1:14). Podemos entender el deseo de Jesús de compañerismo humano. Cuando enfrentamos dificultades, queremos que alguien esté con nosotros. A menudo lo que nos importa no es tanto las palabras que dicen, sino el hecho de que estén con nosotros. Simplemente no queremos estar a solas cuando perdemos un ser querido, o cuando estamos enfrentando nuestras propias luchas para vencer sobre una enfermedad o una tristeza. Alguien ha dicho que tener seres queridos multiplica nuestro gozo cuando estamos felices y divide nuestra tristeza cuando estamos tristes. Jesús anhelaba sinceramente la presencia de sus discípulos cuando se acercaba la hora de su muerte. Les dijo: "Siento en mi alma una tristeza de muerte. Quédense ustedes aquí y permanezcan despiertos" (Marcos 14:34).

Sin embargo, da pena indicar que aquellos que afirmaron que estaban dispuestos hasta sacrificar sus vidas por Jesús (Marcos 14:31), se durmieron cuando Jesús estaba agonizando en el jardín. Sin duda había un tono de desilusión y dolor en su voz cuando les preguntó, "¿Por qué están durmiendo?" (Lucas 22:41). La humanidad de Jesús es vista claramente en este pasaje de las escrituras. Físicamente, ya está anticipando el dolor insoportable que iba a experimentar en la cruz. Emocionalmente, estaba sintiendo la punzada de soledad porque sus discípulos no entendían el significado del sacrificio que él iba a ofrecer. Después de la Santa Cena, un poco después de que Judas se había ido, en vez de pensar en el sufrimiento que Jesús les dijo que iba a experimentar, los discípulos se involucraron en un argumento sobre quien sería el mayor. Entonces en Getsemaní, se durmieron mientras Jesús oraba. Jesús verdaderamente fue un "hombre lleno de dolor," uno que fue "acostumbrado al sufrimiento" (Isaías 53:3). Esa es la razón por cual Jesús nos entiende más que cualquiera otra persona. La Biblia dice: "Jesús, el Hijo de Dios, es nuestro sumo sacerdote que ha entrado en el cielo. Por eso debemos seguir firmes en la fe que profesamos. Pues nuestro sumo sacerdote puede compadecerse de nuestra debilidad, porque él también estuvo sometido a las mismas pruebas que nosotros; sólo que él jamás pecó. Acerquémonos, pues, con confianza al trono de nuestro Dios amoroso, para que él tenga misericordia de nosotros y en su bondad nos ayude en la hora de necesidad" (Hebreos 4:14-16).

Meditemos:

1. ¿Estamos conscientes del impresionante precio físico, emocional y espiritual que Jesús pagó en la cruz cuando murió por nuestros pecados?

   _____
   _____

2. ¿Verdaderamente creemos que Jesús puede identificarse con nuestra soledad, flaquezas, luchas, y fracasos?

   _____
   _____

3. ¿Estamos al punto donde podemos acercarnos a Jesús con confianza con nuestras oraciones y peticiones?

   _____
   _____

El Anhelo de Jesús de Compañerismo Divino

"En seguida Jesús se fue un poco más adelante, se inclinó hasta tocar el suelo con la frente, y pidió a Dios que, de ser posible, no le llegara ese momento de dolor" (Marcos 14:35).

Jesús No Quería Morir

Desde el punto de vista humano, Jesús no estaba regocijándose al pensar en su muerte. El era un hombre joven en la flor de la vida. Había muchas cosas que él pensaba que todavía podía lograr. Había muchas personas por las cuales él se sentía responsable. Había muchos amigos que el atesoraba y quería continuar en compañerismo con ellos. Además de esto,

Jesús sabía lo que era la crucifixión. Indudablemente, el reconocía que los penitentes a veces se quedaban en la cruz hasta por una semana, lentamente derramando su sangre, asfixiándose, y muriéndose de hambre. Temblaba al pensar en una muerte tan cruel. Tan profunda era la agonía de Jesús que Lucas explica que "el sudor que caía a la tierra era como gotas gordas de sangre" (Lucas 22:44). Su lucha era tan intensa que el sudor de Jesús era mezclado con sangre. La agonía era tan profunda que las venas pequeñas de su piel se reventaron y permitieron que la sangre se mezclara con su sudor. Era como el sudor que caía en la tierra. "La cruz hubiera perdido todo su valor si hubiera sido fácil para Jesús. Él tenia que forzarse a seguir adelante."[36]

Jesús Quería Saber Si Había Alguna Otra Manera

"Padre mío, para ti todo es posible: líbrame de este trago amargo; pero no se haga lo que yo quiero, sino lo que tú quieres" (Marcos 14:36).

Al decir, "para ti todo es posible," Jesús está reconociendo el impresionante poder de Dios hasta de salvar a la humanidad sin que Jesús tuviera que morir una muerte tan cruel. Es verdad que Dios es todopoderoso, pero también es verdad que Dios es santo y justo. Por lo tanto, él no podía permitir que no se castigaran los pecados del mundo. Tampoco podía él permitir que la gente se acercara a él con toda su pecaminosidad. El sacrificio de Jesús en la cruz fue necesario para pagar por nuestros pecados y hacernos aceptables a Dios. La Biblia dice: "No hay perdón de pecados si no hay derramamiento de sangre" (Hebreos 9:22). San Pedro afirmó esto cuando dijo: "Pues Dios los ha salvado a ustedes de la vida sin sentido que heredaron de sus antepasados; y ustedes saben muy bien que el costo de esta salvación no se pagó con cosas corruptibles, como el oro o la plata, sino con la sangre preciosa de Cristo, que fue ofrecido en sacrificio como un cordero sin defecto ni mancha" (I Pedro 1:18-20). San Juan también afirmó este hecho cuando dijo: "la sangre de Jesucristo su Hijo nos limpia de todo pecado" (I Juan 1:7).

Mientras agonizaba en el huerto de Getsemaní, Jesús continuaba pidiéndole a su Padre celestial: "aparta de mí este trago amargo." Aunque a Dios le pesaba profundamente, no le concedió a su hijo esta petición. Debido al gran amor de Dios para con nosotros, Dios entregó a su hijo para nuestro bien. Jesús mismo lo explicó así: "Pues Dios amó tanto al mundo, que dio a su Hijo único, para que todo aquel que cree en él no muera, sino que tenga vida eterna" (Juan 3:16). Fue necesario que Jesús se hiciera "el Cordero de Dios que quita el pecado del mundo" (Juan 1:29). Esto es lo que hace el sacrificio de Jesús esencial. Es esencial en que es la única manera que Dios ha establecido para nuestra salvación. Si hubiéramos podido salvarnos mediante nuestros propios esfuerzos y buenas obras, Jesús no hubiera tenido que morir la muerte sacrificial en la cruz. San Pablo lo explicó así: "No quiero rechazar la bondad de Dios: pues si uno pudiera quedar libre de culpa por obedecer a la ley, Cristo habría muerto en inútilmente" (Gálatas 2:21). San Pablo añade: "Pues por la bondad de Dios han recibido ustedes la salvación por medio de la fe. No es esto algo que ustedes mismos hayan conseguido, sino que les ha sido dado por Dios. No es el resultado de sus propias acciones, de modo que nadie puede jactarse de nada" (Efesios 2:8,9).

Meditemos:

1. ¿Si hubiera habido otra manera de salvar a la humanidad aparte de la dolorosa muerte de Jesús, piensa usted que

Dios la hubiera usado?

2. ¿Si hubiéramos podido salvarnos mediante nuestras propias obras, hubiera sido necesaria la muerte de Jesús?

3. ¿Cuál entonces debe de ser nuestra respuesta al regalo de Dios, el sacrificio de Jesús en la cruz?

4. ¿Debemos encontrar nuestro propio camino hacia la salvación o debemos aceptar el sacrificio que Jesús ofreció por nosotros?

Jesús se Sometió a la Voluntad de Dios

"Padre mío para ti todo es posible, líbrame de este trago amargo pero no se haga lo que yo quiero, sino lo que quieres tú" (v. 36).

Durante todo su ministerio Jesús enseñó que él vino a hacer la voluntad de su Padre. El explicó:

> "Mi comida es hacer la voluntad del que me envió y terminar su trabajo" (Juan 4:34). "Yo no puedo hacer nada de mi propia cuenta. Juzgo según el Padre me ordena, y mi juicio es justo, pues no trato de hacer mi voluntad, sino la voluntad del Padre que me ha enviado" (Juan 5:30). "Todos los que el

Padre me da, vienen a mí; y los que vienen a mí, no los echaré fuera" (Juan 6:37).

Jesús practicaba lo que él predicaba. Le había enseñado a sus discípulos a orar, "Vénganos hoy tu reino, sea hecha tu voluntad, así en el cielo, como en la tierra" (Mateo 6:10). Al acercarse la hora de su crucifixión, toda su naturaleza humana buscaba una manera de evitar la más cruel forma de tortura diseñada por la gente de esa época. Su instinto humano de auto-preservación le indicaba que debiera de usar todo su poder para evitar una experiencia tan terrible y traumática. Sin embargo, a fin de cuentas, Jesús sometió su voluntad a la voluntad de su Padre celestial. Aceptando la voluntad de su Padre, Jesús fue a la cruz y muriendo en la cruz resultó en la salvación de la humanidad.

Meditemos:

1. ¿Cuál es mi actitud en cuanto la decisión de Jesús de hacer la voluntad del Padre?
   _____
   _____

2. ¿Estoy dispuestos a seguir el ejemplo de Jesús y orar a Dios diciendo: "no se haga mi voluntad, sino la tuya?"
   _____

3. ¿Cuáles áreas de mi vida no hemos sometidos a la voluntad de Dios?
   _____
   _____

Jesús Confió en Dios Completamente

"Padre mío, para ti todo es posible: líbrame de este trago amargo pero no se haga lo que yo quiero, sino lo que quieres tú" (v. 36).

Verdaderamente nos inspira y nos asegura reconocer que aunque Jesús enfrentaba la experiencia más crítica de su existencia terrenal, jamás falló ni por un momento en cuanto su relación con su Padre celestial. El uso de la palabra "Padre" (Abba en Arameo) comunica una completa y total confianza en Dios. "Aun en esta hora terrible cuando Dios estaba haciendo un demanda tan terrible, Dios era *Padre*.[37] Jesús confió en su Padre celestial en cada experiencia de la vida. Aun en momentos cuando no entendía todo totalmente, confiaba en su Padre celestial implícitamente y jamás dejo de llamarle "Padre." El sacrificio de Jesús en la cruz, motivado por el amor de Dios, resultó en la bendición más grande que nosotros como seres humanos jamás podemos recibir.

Meditemos:

1. ¿Confiamos en Dios en cada situación de la vida?

2. ¿Cuándo enfrentamos las más grandes pruebas y penas, todavía podemos llamarle "Padre?"

3. ¿Tenemos la seguridad que nuestro Padre celestial siempre está con nosotros pase lo que pase en la vida?

Verso Bíblico Para Memorizar:

"Padre mío, líbrame de este trago amargo pero no se haga lo que yo quiero, sino lo que tú quieres" (San Marcos 14:36).

Oración:

Padre nuestro que estás en los cielos, santificado sea tu nombre. Venga a nos tu reino. Hágase tu voluntad así en la tierra como en el cielo. Te doy gracias Dios, con todo mi corazón, por el privilegio que tengo de llamarte "Padre." Yo acepto a tu hijo Jesucristo como mi salvador y pido que tu voluntad sea hecha en mi vida. Gracias por escuchar mi ruego, amén.

Notas

[36] William Barclay, *The Gospel of Mark*, Philadelphia: The Westminster Press, 1956, 361.
[37] Ibid., 362.

CAPÍTULO 12

LA FLAGELACIÓN DE JESÚS

(San Mateo 27:11-26)

Jesús aguantó tanto el sufrimiento espiritual como el sufrimiento físico antes de su muerte y durante su muerte en la cruz. Sin duda, el corazón de Jesús había sido quebrantado por varios eventos que ocurrieron antes de su crucifixión. Primeramente, ocurrió la traición de Judas. Cuando Judas se le acercó, Jesús le dijo: "Judas, ¿con un beso traicionas al Hijo del Hombre?" (Lucas 22:48). Segundo, hubo el abandonamiento por sus discípulos. "En aquel momento, todos los discípulos dejaron solo a Jesús y huyeron." (Mateo 26:56). Tercero, hubo el rechazo de Pedro. Anteriormente, Pedro había dicho: "Aunque tenga que morir contigo, no te negaré" (Mateo 26:35). Sin embargo, más tarde esa misma noche, Pedro dijo delante de una multitud de transeúntes: "¡No conozco a ese hombre!" (Mateo 26:74). Hubo aun otro evento que quebró su corazón angustioso: su rechazo por Pilato y por la multitud.

El Rechazo de Jesús

Rechazo por Pilato

Como gobernador, Pilato tuvo la oportunidad de confiar en Jesús como su Salvador y prevenir la ejecución de Jesús en la cruz.

La curiosidad de Pilato

Jesús fue procesado delante del procurador quien le

preguntó: "¿Eres tú el Rey de los judíos?" (Mateo 27:11).

Al principio parece que Pilato está sinceramente tratando de aprender más sobre Jesús. Su pregunta: "¿Eres tú el Rey de los judíos?" implica que Pilato tenía alguna idea sobre las expectativas mesiánicas de la gente judía. Puede ser que Pilato estaba genuinamente interesado en averiguar si Jesús era el Mesías. Mientras otros se burlan, Pilato le demuestra respeto al hablar con él a solas y al darle la oportunidad para hablar de sí mismo. Sin duda hubo algo en el comportamiento de Jesús que le indicó a Pilato que Jesús era diferente a cualquiera otra persona que él había conocido. Pilato le dijo: "¿No oyes todo lo que están diciendo contra ti?" (v.13). "Pero Jesús no le contestó ni una sola palabra; de manera que el gobernador se quedó muy extrañado." (v.14).

La prudencia de Pilato

Además del presentimiento que Jesús era diferente a todos los demás, Pilato también recibió una advertencia de su esposa en cuanto a Jesús. Mediante sueños, se le había revelado que Jesús era un "hombre santo."

"Mientras Pilato estaba sentado en el tribunal, su esposa mandó a decirle: 'No te metas con ese hombre justo, porque anoche tuve un sueño horrible por causa suya." (Mateo 27:19). La esposa de Pilato no entendió completamente las implicaciones de sus sueños. Sin embargo, sí supo suficiente para advertir a su esposo que a Jesús no se le estaba tratando apropiadamente.

La conclusión de Pilato

Pilato prestó atención a todas las acusaciones que las autoridades religiosas le trajeron. También los oyó decir que querían que Jesús fuera crucificado. Sin embargo, todo esto no convenció a Pilato que Jesús merecía la muerte. Durante el juicio de Jesús, Pilato exclamó tres veces que Jesús no era culpable. Primeramente, dijo: "No encuentro ninguna falta en este hombre." (Lucas 23:4). Segundo, dijo: "Ustedes me trajeron a este hombre, diciendo que alborota al pueblo; pero yo lo he interrogado delante de ustedes y no lo he encontrado culpable de ninguna de las faltas de que lo acusan. Ni tampoco Herodes, puesto que nos lo ha devuelto. Ya ven, no ha hecho nada que merezca la pena de muerte. Lo voy a castigar y después lo dejaré libre." (Lucas 23:14-16). Es evidente que Pilato estaba convencido que Jesús no había hecho nada por cual mereciese ser crucificado.

El acuerdo de Pilato

Mediante sus esfuerzos de ayudar a Jesús, Pilato buscaba una manera de liberar a Jesús sin tomar responsabilidad personal por la decisión. "Durante la fiesta, el gobernador acostumbraba dejar libre un preso, el que la gente escogiera. Había entonces un preso famoso llamado Jesús Barrabás; y estando ellos reunidos, Pilato les preguntó: '¿A quién quieren ustedes que les ponga en libertad: a Jesús Barrabás, o a Jesús, el que llaman el Mesías?'" (Mateo 27:15-17) Pilato esperaba que de alguna manera la multitud escogiera a Jesús (v. 20). Esto le daría la oportunidad de liberar a Jesús, sin tener que adoptar una postura referente a él. Cuando esto falló, "mandó traer agua y se lavó las manos delante de todos, diciendo: Yo no soy responsable de la muerte de este hombre; es cosa de ustedes." (v. 24).

Meditemos:

¿Hasta qué punto se parece nuestra actitud hacia Jesús a la de Pilato?

1. ¿Tenemos simplemente curiosidad en cuanto a Jesús?
   _____
   _____

2. ¿Hemos concluido que él es verdaderamente el Hijo de Dios?
   _____
   _____

3. ¿Hemos comprometido nuestra posición referente a Jesús debido a la presión de aquellos alrededor de nosotros?
   _____
   _____

4. ¿Hemos aceptado a Jesús como nuestro Salvador reconociendo que él murió en la cruz por nosotros?
   _____
   _____

Rechazo por la multitud

Como Pilato, la multitud tuvo una oportunidad para recibir a Jesús como su Mesías. Por lo menos algunos de ellos habían visto la evidencia de los milagros que Jesús había realizado. Sin embargo, la gente en la multitud no pensó por sí misma y no se esforzó personalmente para descubrir quién era Jesús. Permitieron ser influenciados por los líderes religiosos que ya habían rechazado a Jesús en sus corazones. "Pero los jefes de los sacerdotes y los ancianos convencieron a la multitud de que pidiera la libertad de Barrabás, y la muerte de Jesús (v. 20). "El gobernador les preguntó otra vez: ¿A cuál de los dos quieren ustedes que les ponga en libertad? Ellos dijeron: ¡A Barrabás! Pilato les preguntó: ¿Y qué voy a hacer con Jesús, el que llaman el Mesías? Todos contestaron: ¡Crucifícalo!" (vs. 21,22).

Es muy triste saber que, a causa de la influencia de los líderes religiosos, la multitud pidió que les soltaran al que hizo precisamente lo que ellos habían acusado a Jesús de hacer. Barrabás fue encarcelado porque había cometido un asesinato en una rebelión (Marcos 15:7). La multitud escogió a un asesino en vez de Jesús.

Meditemos:

¿Hasta qué punto se parece nuestra actitud con respecto a Jesús a la actitud de la multitud?

1. ¿Hemos permitido que otros determinen por nosotros quién verdaderamente es Jesús?

2. ¿Hemos tomado la responsabilidad de estudiar la palabra de Dios para reconocer quién es Jesús y qué significa su muerte en la cruz para nosotros?

3. ¿Permitimos que aquellos alrededor de nosotros influyan

las decisiones que hacemos con respecto a Jesús?

_____

_____

4. ¿Estamos listos para reconocer que Jesús es verdaderamente el Rey de Reyes, Señor de Señores y nuestro Salvador personal?

_____

_____

Jesús sufrió dolor espiritual profundo a causa de la traición de Judas, el abandono por sus discípulos, la negación de Pedro, el rechazo de Pilato, y el rechazo de la multitud. Además de su sufrimiento espiritual, hubo también un sufrimiento físico inmenso.

Jesús Azotado en el Pilar

En un esfuerzo final para librar a Jesús, Pilato lo azotó. Pensó que si humillaba a Jesús y le enseñaba a la multitud lo ridículo que era pensar en él como su rey, ellos comprenderían y quedarían satisfechos con su castigo (Juan 19:5). Esto simplemente sirvió para que la multitud se enojara aún más y gritara, "¡Crucifícalo! ¡Crucifícalo!" (v. 6). Aunque parezca que el azotar a Jesús es solamente un castigo menor esto no fue el caso. El azote era una forma severa de castigo. Barclay explica:

> El azote romano era una cosa terrible. El criminal era torcido y atado de tal manera que su espalda estaba expuesta. El azote era un látigo largo, tachonado aquí y allá con pedazos de plomo afilado y pedacitos de hueso. Rasgaba la espalda del hombre y la dejaba hecha jirones. Algunas veces le rasgaba los ojos de la cabeza. Algunos hombres morían bajo el castigo. Algunos hombres emergían locos de ese castigo.

Pocos quedaban conscientes bajo el castigo. Esto fue lo que le hicieron a Jesús.³⁸

"Pero fue traspasado a Anticipando la paliza severa que Jesús iba a sufrir de parte de nosotros, el profeta Isaías dijo:

> "A causa de nuestra rebeldía, fue atormentado a causa de nuestras maldades; el castigo que sufrió nos trajo la paz, por sus heridas alcanzamos la salud." (Isaías 53:5).

Meditemos:

¿Qué significa para nosotros el sufrimiento intenso de Jesús, incluyendo los azotes que él soportó?

1. ¿Estamos agradecidos a Jesús por lo que él sufrió de parte de nosotros?
   _____
   _____

2. ¿Estamos convencidos que a causa de su sufrimiento Jesús es capaz de entendernos cuando sufrimos?
   _____
   _____

3. ¿Nos sentimos seguros orándole directamente a él?
   _____

Verso Bíblico Para Memorizar:

"¿Y qué voy a hacer con Jesús, el que llaman el Mesías? (Mateo 27:22).

Oración:

Querido Jesús, jamás podré pagarte por el sufrimiento intenso que experimentaste cuando fuiste azotado y rechazado. Te invito a mi corazón y a mi vida. Gracias por oír mi oración, amén.

---

[38] William Barclay, *The Gospel of Mark*, Philadelphia: Westminster Press, 1956, 337.

CAPÍTULO 13

LA CORONACIÓN DE ESPINAS

(San Mateo 27:28-29)

El sufrimiento de Jesús continuó después que Pilato, el gobernador de Roma, mandó que fuese azotado por los soldados. Los soldados del gobernador, vueltos insensibles como resultado de haber tratado con tantos criminales e insurreccionistas decidieron humillar a Jesús de toda manera posible.

"Los soldados del gobernador llevaron a Jesús al palacio, y reunieron toda la tropa alrededor de él. Le quitaron su ropa, lo vistieron de una capa roja, y le pusieron en la cabeza una corona tejida de espinas y una vara en la mano derecha. Luego se arrodillaron delante de él, y burlándose le decían: ¡Viva el Rey de los judíos! También le escupían, y con la misma vara le golpeaban la cabeza" (Vs. 27-30).

Los soldados llevaron a Jesús a su cuartel y llamaron el resto de su destacamento (entre 600 a 1,000 hombres) para entretenerse con Jesús burlándose de este rey impostor. Hicieron todo con el simbolismo de realeza, pero lo hicieron de tal manera que se burlaban de él y lo degradaban. Las órdenes de Pilato eran para que la gente supiera precisamente qué tipo de rey era Jesús.

El rey humillado

El desnudarle

Quitarle la ropa a una persona era quitarle su dignidad personal. Los judíos que sufrieron en los campos de concentración en la segunda guerra mundial testificaron después que ser desnudado le causó dolor en la esencia de su identidad y dignidad. Para algunos, esto equivalió a la pérdida de su humanidad. Si esto era verdad para personas ordinarias, tenia que ser infinitamente más humillante para Jesús quien era inocente en todo respecto y dedicado a impartir dignidad y valor propio a cada persona que él conocía. Sin embargo, los soldados buscaban degradar a Jesús al nivel más bajo de la decencia antes de ejecutarlo.

La capa roja

El color escarlata era probablemente el color más parecido al morado, el color apropiado para realeza, que podían encontrar. Pusieron una capa vieja y gastada, que probablemente era de uno de los soldados, sobre los hombros de Jesús para continuar el juego de pretender que esta persona golpeada y despreciada era un rey. A fin de cuentas, un rey debe de vestirse con una capa real morada. Uno puede imaginarse lo espantoso que se parecía esta capa mientras absorbía la sangre que salía de la espalda herida de Jesús. La capa añadía a la desgracia y proveía la oportunidad para los soldados y otros presente para burlarse de Jesús y reírse con mucho gusto.

La corona de espinas

Cada rey debía tener una corona. ¿Por qué no hacer una

corona para Jesús ya que no había una disponible? La corona en sí proveía otra excusa para burlarse de él. No era una corona de oro o plata. No era ni siquiera una guirnalda o corona de laurel como aquellos que se usaban para honrar a los victoriosos en los varios deportes de esa época. En vez de esto, era una corona de espinas seguramente improvisada de un arbusto espinoso que crecía en el patio. La corona en sí hería la cabeza de Jesús, causaba dolor, y causaba que la sangre fluyera. Esto desfiguraba la cara golpeada de Jesús. "Su parecer no era el de la elegancia artística de tantos de nuestros grandes pintores, sino que su apariencia era una de abominable austeridad y de una realidad cruel."[39] ¿Qué pudiera ser más ridículo que un rey con una corona de espinas y una cara cubierta de sangre?

La caña en su mano

Los soldados le pusieron "una vara en la mano derecha..." (v. 29).

Cada rey tenía que tener un cetro. Era un símbolo de la autoridad del rey. Era usada cuando el rey daba órdenes. Por supuesto, los soldados encontraron una caña cualquiera y la forzaron en la mano derecha de Jesús. El propósito obvio de esto era burlarse de la autoridad de Jesús. ¿Cuánta autoridad tenia este rey? ¿Cuándo daría él las órdenes a sus legiones para que vinieran a rescatarlo? La vara comunicaba de una manera ridícula y cruel lo que estos soldados pensaban de la autoridad de este rey.

La caña era usada para infligir dolor físico adicional. "También le escupían, y con la misma vara le golpeaban la cabeza" (v. 30). Ya las espinas en la corona que Jesús tenía puesta habían hecho heridas profundas en su cabeza y su frente. La sangre continuaba cubriendo su cara golpeada. Los repetidos golpes a la cabeza con la caña causaban que las espinas penetraran más profundamente y que la sangre fluyera copiosamente.

La adoración de burla

"Luego se arrodillaron delante de él, y burlándose le decían: ¡Viva el Rey de los judíos!" (v. 29).

"El sarcasmo ridículo de esta adoración fue intencionado para humillar lo más posible el alma de Jesús."[40] La palabra "viva" (*kairein* en griego) era usada para saludar a los reyes de manera respetuosa y con admiración. Aquí es usada de manera burlona y humillante. También se inclinaban con una actitud de sumisión para presentar sus peticiones al rey. Sin embargo, en este caso saludan y se inclinan no para honrar su rey sino para demostrar que este galileo condenado no es nada más que un impostor diluido que esta por recibir lo que merece. Su desdén hacia Jesús era tal que le escupían (v. 30).

Jesús sufrió angustia física y espiritual indescriptible aun antes que lo crucificaran. Algunos han dicho que no debemos pensar demasiado sobre los sufrimientos de Jesús. Sin embargo, mientras estudiamos la Biblia no es posible tener una imagen demasiado gráfica del sufrimiento que Jesús experimentó al tomar nuestro lugar.

Meditemos:

1. Pensemos en el hecho que a Jesús le quitaron su ropa y su dignidad.

2. Pensemos en la capa roja que le pusieron y cómo fue manchada por la sangre que brotaba de él como resultado de los azotes.

3. Pensemos en la corona de espinas que forzaron sobre su cabeza y las heridas profundas que causaron al penetrar su piel.

4. Pensemos en la caña que le pusieron en la mano derecha y la manera en que se burlaban de él cuando le llamaban "Rey."

5. Pensemos en la manera que se burlaban de él al adorarle y pretender que él era su rey.

6. ¿Cuál es nuestra actitud para con Jesús sabiendo que él sufrió todas estas aflicciones e indignidades departe de nosotros a causa de su profundo amor para nosotros?

El Rey Exaltado

Cuando leemos de todo el sufrimiento y humillación que Jesús experimentó, no hay nada más que hacer excepto darle gracias con todo nuestro corazón por amarnos tanto. Ni podemos imaginar el sufrimiento indescriptible que Jesús experimentó por nosotros. Sin embargo, mientras estudiamos sobre la humillación de Jesús en la Biblia no debemos de pararnos ahí. El ángel le preguntó a las mujeres que estaban por el sepulcro donde Cristo se había sepultado: "¿Por qué buscan ustedes entre los muertos al que está vivo?" (Lucas 24:5). San Pedro predicó un mensaje parecido a la multitud que se reunió en el día de Pentecostés: "Sepa todo el pueblo de Israel, con toda seguridad, que a este mismo Jesús a quien ustedes crucificaron, Dios lo ha hecho Señor y Mesías" (Hechos 2:36). Como creyentes en Jesucristo, tenemos dos tareas. Por un lado, debemos de hacer todo lo posible para tener el más claro entendimiento y más profundo aprecio por el sufrimiento que

Jesús experimentó cuando fue crucificado. Por otro lado, debemos de regocijarnos sobre el hecho que Dios exaltó a Jesús y que él es ahora el Rey Exaltado. Debemos continuar estudiando lo que dice la Biblia sobre la exaltación de Jesús.

La Biblia dice:

> Tengan ustedes la misma manera de pensar que tuvo Cristo Jesús, el cual: Aunque era de naturaleza divina, no insistió en ser igual a Dios, sino que hizo a un lado lo que le era propio, y tomando naturaleza de siervo nació como hombre. Y al presentarse como hombre se humilló a sí mismo, y por obediencia fue a la muerte, a la vergonzosa muerte en la cruz. Por eso, Dios le dio el más alto honor y el más excelente de todos los nombres para que, al nombre de Jesús, doblen la rodilla todos los que están en los cielos, y en la tierra, y debajo de la tierra, y todos reconozcan que Jesucristo es el Señor, para honra de Dios Padre (Filipenses 2:5-11).

En estos y otros versículos la Biblia presenta al Cristo exaltado de tal manera que se contrasta con el Cristo humillado. Cuando primeramente vino a la tierra, a causa de su gran amor para con nosotros, Jesús "se humilló a sí mismo, y por obediencia fue a la muerte, a la vergonzosa muerte en la cruz." Esto explica por qué Jesús permitió que sus captores lo torturaran y lo humillaran. A base de la obediencia de Jesús, "Dios le dio el más alto honor y el más excelente de todos los nombres." Por lo tanto, el Jesucristo exaltado es exactamente lo opuesto al Jesucristo humillado. La Biblia presenta al Cristo exaltado como:

Vestido de ropa deslumbrante

"Mientras oraba, el aspecto de su cara cambió, y su ropa se volvió muy blanca y brillante" (Lucas 9:29).

Vestido con capa real

"En su manto, sobre el muslo llevaba escrito este título: Rey de reyes y Señor de señores" (Apocalipsis 19:16).

Con una corona de oro

"Miré, y vi. una nube blanca, y sobre la nube estaba sentado uno que tenía apariencia humana. Llevaba una corona de oro en la cabeza y una hoz afilada en la mano" (Apocalipsis 14:14).

Llevando un vara de hierro

"Vi el cielo abierto; y apareció un caballo blanco, y el que lo montaba se llamaba Fiel y Verdadero porque con rectitud gobernará... Le salía de la boca una espada afilada, para herir con ella a las naciones. Las gobierna con cetro de hierro. Las juzgará como quien exprime uvas y las pisa con los pies, y las hará beber el vino del terrible castigo que viene del furor del Dios todopoderoso. En su manto y sobre el muslo llevaba escrito el título: Rey de reyes y Señor de señores" (Apocalipsis 19:11, 15,16).

Recibiendo adoración genuina

"Y miré, y oí la voz de muchos ángeles que estaban alrededor del trono, de los seres vivientes y de los ancianos. Había millones y millones de ellos decían con fuerte voz: El Cordero que fue sacrificado es digno de recibir el poder y la riqueza, la sabiduría y la fuerza, el honor, la gloria y la alabanza" (Apocalipsis 5:11, 12)

Meditemos:

1. Los soldados infligieron todas estas indignidades porque eran ignorantes y no reconocían quién era Jesús. Hoy, por medio de la Biblia, sabemos quién es Jesús. ¿Cuál es nuestra actitud hacia él?

   _____

   _____

2. Jesús nos amó tanto que aguantó tortura y humillación por nosotros. ¿Cuál es nuestra relación con él?

   _____

   _____

3. Jesús ha sido exaltado por Dios. ¿Lo adoramos solamente como el Cristo en la cruz o también lo adoramos como el Rey Exaltado?

   _____

   _____

4. Aquellos quiénes intencionadamente y deliberadamente lo rechazan recibirán el juicio de Dios. En vez de tener una vara frágil, Jesús tiene una vara de hierro en su mano.

5. El tiempo vendrá cuando todos tendrán que reconocer el señorío de Jesús. ¿Lo hemos recibido como nuestro Señor y Salvador?

   _____

   _____

Verso Bíblico Para Memorizar:

"Por eso, Dios le dio el más alto honor y el más excelente de todos los nombres para que, al nombre de Jesús, doblen la rodilla todos los que están en los cielos, y en la tierra, y debajo de la tierra, y todos reconozcan que Jesucristo es el Señor, para honra de Dios Padre" (Filipenses 2:9-11)

Oración:

Querido Jesús, gracias por sufrir tantos tormentos e indignidades por mí. Aunque otros se burlaron de ti, yo te acepto como mi Señor y Rey, amén.

---

[39] RCH Lenski, *The Interpretation of St. Matthew's Gospel*, Minneapolis: Augsburg Publishing House, 1943, 1102.
[40] Ibid.

CAPÍTULO 14

LA CRUZ A CUESTAS

(San Juan 19:17-19)

El sufrimiento de Jesús continuó mientras él iba a su crucifixión. Él había sufrido agonía en el Jardín de Getsemaní mientras oraba al Padre y se sometía a su voluntad. Había pasado la noche entera siendo interrogado por el Sanedrín, la corte suprema de los judíos. Su meta era formular acusaciones contra Jesús. Jesús fue interrogado intensivamente por Pilato, el gobernador romano. De ahí fue mandado a Herodes quien quería que Jesús lo entretuviera a él y los que estaban con él por medio de hacer un milagro. Cuando Jesús se negó, fue devuelto a Pilato quien estaba tratando de librarlo sin aceptar responsabilidad personal por sus acciones. El clamor de la multitud, "¡Crucifícale! ¡Crucifícale!" convenció a Pilato que Jesús debiera de ser castigado. Entonces Pilato ordenó que lo azotaran, dejando la espalda de Jesús hecha jirones de carne sangrante. Los soldados añadieron insulto a las heridas cuando le pusieron la corona de espinas sobre su cabeza, una vara en su mano, y una capa militar vieja sobre sus hombros para burlarse del rey Galileo. Golpeándolo en la cabeza con la vara y escupiéndole, trataban de humillar a Jesús e infligirle el más profundo dolor posible.

Jesús cargando la cruz

Como si el sufrimiento que Jesús había aguantado no fuera suficiente, también fue forzado a cargar la cruz con la cual él sería crucificado. San Juan explica, "Jesús salió llevando su cruz para ir al llamado "Lugar de la Calavera (o que en hebreo se llama Gólgota) (Juan 19:17).

Barclay describe lo que normalmente pasaba en camino a una crucifixión:

> La rutina de la crucifixión siempre era la misma. Cuando la acusación se había oído, y el criminal había sido condenado, el juez diría la fatídica sentencia: *"Ibis ad crucem,"* "Irás a la cruz." El veredicto se llevaba a cabo ahí mismo. Al criminal lo ponían en el centro del cuartel, un grupo de cuatro soldados romanos. Su propia cruz era puesta sobre sus hombros. Se debe de notar que los azotes siempre se llevaban a cabo antes de la crucifixión, y se debe de notar lo terrible que eran los azotes. A menudo el criminal tenía que ser azotado y aguijoneado en el camino, para mantenerse caminando mientras tambaleaba al sitio de la crucifixión. Delante de él caminaba un oficial con una pancarta en la cual estaba escrito el crimen por cual el acusado iba a morir. Lo llevaban por cuantas calles podían en camino al lugar de la crucifixión… Había una razón desalentadora que tantos como era posible debieran de verlo, y debieran de reconocer que el crimen no vale la pena, y que su destino sirviera de advertencia.[41]

Las leyes romanas requerían que un hombre condenado cargara su cruz al lugar de su ejecución y ninguna excepción fue hecha en el caso de Jesús. Las crucifixiones normalmente se llevaban a cabo fuera de la ciudad. Los prisioneros se llevaban por las calles más pobladas y eran ejecutados cerca de la carretera donde un gran número de personas se reunieran a ver el espectáculo. Algunas de las personas eran tan crueles que trataban de humillar e insultar a los condenados mientras cargaba su cruz. Habían otros, normalmente parientes y amigos, quiénes caminaban al lado de la persona condenada y lloraban de tristeza. Este era el caso con respecto a Jesús. San Lucas explica: "Mucha gente y muchas mujeres que lloraban y gritaban de tristeza por él lo seguían" (23:27).

Mucho se ha escrito sobre la forma de la cruz que Jesús cargó. Algunos sostienen que Jesús solamente cargó la parte horizontal de la cruz. Esto niega la declaración de Juan que Jesús cargó su cruz (19:17). La explicación de Lenski es más consistente con el relato Bíblico:

> No fue ni una X o una T, sino un poste derecho con una viga transversal un poco debajo de la parte superior. Las dos vigas eran sujetadas desde el principio. Toda la evidencia indica que Jesús fue agobiado con la cruz entera y no simplemente la viga transversal del *patibulum*. El hecho que Jesús literalmente cargó la cruz sobre la cual él murió añade un efecto poderoso a sus palabras con respecto a nosotros tomar nuestra cruz e ir en pos de él, (Mat. 10:38; 16:24).[42]

Jesús, el querido hijo de Dios, cargó la cruz, el instrumento de tortura y muerte sobre sus hombros en camino al lugar de su ejecución.

Jesús incapaz de continuar cargando la cruz

"Echaron mano de un hombre de Cirene llamado Simón, que venía del campo, y le hicieron cargar con la cruz y llevarla detrás de Jesús" (Lucas 23:26).

Mientras leemos esta descripción escrita por San Lucas, es obvio que Jesús fue físicamente incapaz de cargar la cruz más lejos. Los golpes que el había aguantado, la pérdida de sangre, la falta de comida, agua y sueño acompañado con el peso de la cruz, le habían agotado cada onza de energía del cuerpo de nuestro bendito salvador. Agotado, herido, y agobiado, ya no era capaz de cargar la cruz más lejos. Si siguieron el proceso regular, los soldados ya lo habían aguijado con sus lanzas para forzarlo a continuar a caminar. Sin embargo, el tiempo vino que era obvio que no le quedaba ninguna fuerza en absoluto y se desplomó sobre la tierra. Sin embargo, él fue forzado a caminar delante de Simón en al camino al Gólgota.

Meditemos:

1. Jesús voluntariamente aceptó el papel de un criminal condenado mientras cargaba la cruz. ¿Cuál es nuestra reacción a este hecho de amor?

   _____

   _____

2. Jesús sufrió dolor intenso y humillación en camino al lugar donde el fue crucificado. ¿Cuán capaz es él de entendernos cuando pasamos por tiempos difíciles en nuestras vidas?

   _____

3. Jesús usó cada onza de energía mientras cargaba la cruz. ¿Cuánto de nuestro tiempo y energía estamos nosotros dispuestos a usar para servirle?

   _____

   _____

Simón fue reclutado para cargar la cruz

"Echaron mano de un hombre de Cirene llamado Simón, que venía del campo, y le hicieron cargar con la cruz y llevarla detrás de Jesús" (Lucas 23:26).

Simón sería un completo desconocido quien regresaba del "campo" y fue atrapado en el medio de la procesión de la crucifixión. Los soldados romanos tenían el poder de reclutar gente para las tareas necesarias. Para Simón, esto tenía que ser un terrible enojo y una indignación. Él seguramente odiaba a los soldados romanos y a este criminal cuya cruz él fue forzado a cargar. Si él era residente de Jerusalén, probablemente estaba regresando de su trabajo a su hogar. Probablemente tenía familia y amigos esperándole. Sin embargo, fue forzado a participar en la procesión. Esto causaría un retraso largo e inesperado en cuanto sus planes. Si estaba en Jerusalén para la Pascua, tal vez vino de Cirene, África y le costó mucho para venir. Tal vez anhelaba mucho satisfacer su sueño de toda la vida de celebrar la Pascua en Jerusalén. Sin embargo, de pronto hubo ese espantoso toque en el hombro con la orden irrevocable de que cargara la cruz. Aparte de esto, el tocar la cruz, el instrumento de la muerte, debiera de haber sido muy repugnante a Simón, especialmente durante el tiempo de la Pascua. Esto lo haría ceremonialmente impuro. Forzado a unirse al hombre condenado en su camino, Simón también se convierte en el hazmerreír como si él mismo fuera un criminal. Simón, al caminar detrás de Jesús cargando su cruz, se hizo aparecer como si él estuviera en camino a su propia ejecución.

Lo que al principio pareció ser una desgracia para Simón después se le convirtió en una bendición. Tal vez su intención inicial fue de tirar la cruz a un lado y huir del lugar de la crucifixión lo más pronto posible. Sin embargo, puede ser que algo le pasó a Simón mientras el cargaba la cruz de Jesús. Tal vez él observó que este hombre condenado era diferente que todos los otros. Él no se quejaba y no maldecía. En cambio, él sufría en silencio y dignidad. Simón también vio el amor de las mujeres que lloraban mientras acompañaban a Jesús en la procesión. También puede ser que Simón perduró en la crucifixión y vio la manera sacrificial en cual Jesús murió y oyó las palabras de perdón que él dijo desde la cruz. Tal vez él concluyó con el Centurión: "Verdaderamente, esta era el hijo de Dios."

No se comunica de manera directa si Simón se volvió en un seguidor de Jesucristo. Cuando San Marcos se refiere a él, hay una implicación fuerte que Simón sí se volvió en un discípulo de Jesús: "Al pasar por allí un hombre de Cirene, llamado Simón, padre de Alejando y de Rufo, llegaba entonces del campo, le obligaron cargar con la cruz de Jesús" (Marcos 15:21-28). Describiendo a Simón como "el Padre de Alejandro y de Rufo," implica que los que leían el Evangelio de Marcos conocían a Alejandro y a Rujo. Barclay explica:

> La intención de tal descripción era de identificarlo. Fue la intención del evangelista que la gente a quien el evangelio fue escrito pudieran identificarlo mediante esta descripción. Es muy probable que al principio el evangelio de Marcos fuera escrito para la iglesia en Roma. Ahora, vamos a la carta de Pablo a lo Romanos y leamos 16:13. "Saluden a Rufo, distinguido creyente en el Señor, y a su madre, que también ha sido como una madre para mí." Rufo era un cristiano tan selecto que él era *escogido en el Señor*. La madre de Rufo era tan querida por Pablo que él le llamaba su propia madre. Algo tuvo que haberle pasado a Simón en Gólgota. Ahora vamos a Hechos 13:1. Hay una lista de los hombres en Antioquia quienes mandaron a Pablo y Bernabé en esa famosa primera misión misionera a los gentiles. El nombre de uno es Simeón quien se llamaba Níger. Simeón es otra forma de Simón. Níger era el nombre común para un hombre de piel morena que venia de África, y Cirene está en África. Puede ser que aquí nos encontramos de nuevo con Simón. Tal vez es verdad que la experiencia de Simón en camino a Gólgota unió su corazón por siempre y para siempre con Jesús.[43]

Es muy probable que Simón, el desconocido de Cirene, quién se ofendiera por ser forzado a cargar la cruz de un galileo condenado, se volvió un creyente en Jesucristo. No solamente lo siguió físicamente mientras cargaba la cruz de Cristo; lo siguió espiritualmente mientras cargaba la cruz del discipulado por el resto de su vida.

Estamos invitados a cargar la cruz de Cristo

Jesús dijo: "Si alguno quiere ser discípulo mío, olvídese de sí mismo, cargue con su cruz, y sígame" (Mateo 16:24)

¿Que significa cargar la cruz de Cristo? Alguna gente obtiene gran consuelo cargando un crucifijo bello alrededor de su cuello. Por lo significativo e inspirador que esto le sea, esto no fue lo que Cristo quiso decir con que debemos de cargar su cruz. Otros piensan que cualquier dolor o carga que ellos tienen es una cruz. Aunque es verdad que a Cristo le importan nuestras pruebas y tribulaciones, esto no es lo que él quiso decir con cargar su cruz. *La cruz de Cristo es lo que es cargado en el hecho de confesarlo.* Cuando invitamos a Jesús que entre en nuestras vidas como Señor y Salvador estamos cargando la cruz de Cristo. Esto significa que nos estamos comprometiendo a ser seguidores de Jesucristo por toda la vida.

El hacer esta decisión traerá oposición y crítica de otros. Cuando la gente nos critica o nos maltrata debido a nuestra fidelidad a Cristo, entonces estamos cargando su cruz. Cuando sacrificamos y trabajamos para Cristo y su reino, estamos cargando su cruz. Cuando tomamos una postura en defensa de Cristo y sufrimos las consecuencias de pérdida o desdén, porque somos seguidores de Cristo, estamos cargando su cruz. El dolor que tal vez sentimos en hablarle a otro en el nombre de Cristo, el sacrificio de comodidad o tiempo que tomamos para hacer trabajo cristiano, negarnos ciertas cosas para dar de nuestros recursos para que el reino de Cristo crezca localmente y en el extranjero, el reproche que nos toca al identificarnos con Cristo o en asistir personas despreciadas porque se identifican con Cristo, haciendo estas cosas cargamos su cruz. Sobre todo, cargar su cruz es rendir nuestra voluntad a la de Cristo (Lucas 9:23).

Meditemos:

1. La cruz de Cristo es cargada en el hecho de confesarlo. ¿Hemos hecho una decisión consciente de aceptar a Jesús como Señor y Salvador? _____ ¿Si no, lo haremos ahora?

2. La cruz que Jesús quiere que nosotros carguemos es la cruz del discipulado. Esto quiere decir que nosotros estamos dispuestos a volvernos en seguidores y estudiantes para toda la vida. ¿Estamos dispuestos a estudiar la Biblia consistentemente para aprender cada día más de Jesús?

3. Después que hemos comprometido nuestras vidas a Jesús, somos llamados a cargar la cruz de sufrimiento causado por aquellos quienes no siguen a Jesús. ¿Estamos dispuestos a confiar en Jesús para que él nos de la fuerza para cargar su cruz con paciencia y gracia?

Verso Bíblico Para Memorizar:

"Si alguno quiere ser discípulo mío, olvídese de sí mismo, cargue con su cruz, y sígame" (Mateo 16:24).

Oración:

Querido Jesús, me duele el corazón al saber que tuviste que cargar tu cruz al Calvario. Gracias por estar dispuesto a sufrir tanto para salvarme. Te acepto como mi Señor y Salvador. Ayúdame a cargar tu cruz con gratitud y dedicación. Gracias por oír mi oración, amén.

---

[41] William Barclay, *The Gospel of John, Volume 2*, Philadelphia: Westminster Press, 1958, 293

[42] RCH Lenski, *The Interpretation of St John's Gospel*, Minneapolis: Augsburg Publishing House, 1942, 1279.

[43] William Barclay, *The Gospel of Mark*, Philadelphia: Westminster Press, 1958, 279-80.

CAPÍTULO 15

LA CRUCIFIXION DE JESUS

(San Lucas 23:32-49)

En una ocasión un misionero estaba mostrando una película de la crucifixión de Jesús a una tribu que no había escuchado el evangelio. Cuando se llegó el momento en la película en que clavaron las manos de Jesús en la cruz, el cacique de la tribu mandó que pararan la película y clamó: "no lo pongan a él en la cruz, yo merezco estar allí."

William Barclay describe la crucifixión de la siguiente manera:

> Klausner, el autor Judío, al escribir acerca de la crucifixión dice: "La crucifixión es la muerte más terrible y cruel que el hombre ha inventado para tomar venganza contra otros seres humanos." Cícero le llamó "la tortura más cruel y horrible." Tacitus le llamó "una tortura solo para esclavos." La crucifixión se originó en Persia y su origen se debe al hecho de que la tierra era considerada santa a Ormuzd el dios, y el criminal era levantado de la tierra para que no la contaminase, la cual era propiedad de ese dios. De Persia, la crucifixión pasó a Cartago en Norte África; y fue de Cartago que Roma la aprendió, aunque los romanos la reservaron exclusivamente para rebeldes, esclavos fugitivos, y la clase más baja de criminales. Era un castigo que era ilegal para un ciudadano Romano. Klausner describe la crucifixión. El criminal era puesto en la cruz cuando ya estaba sangrando por los azotes. Allí estaba colgado para morir de hambre y sed sin poder defenderse de los insectos y las moscas los cuales se pegaban a su cuerpo desnudo y a las heridas sangrantes. No era un cuadro bonito – pero eso fue lo que Cristo sufrió – dispuesto a morir por nosotros.[44]

En las Sagradas Escrituras encontramos una descripción dolorosa y conmovedora de los eventos relacionados con la crucifixión de Jesús. A la vez, encontramos allí lo que la crucifixión significa para nuestras vidas. ¿Será posible que al leer la Palabra de Dios nosotros también llegaremos a la conclusión del cacique que Jesús tomó nuestro lugar en la cruz?

Los Eventos Dolorosos De La Crucifixión

La muerte de nuestro Señor Jesucristo no fue instantánea sino que consistió de una serie de eventos dolorosos. En cada uno de estos eventos dolorosos vemos evidencia del amor profundo de Jesús hacia nosotros y de su carácter divino. Pidamos la presencia de Dios en nuestros corazones al estudiar estos eventos dolorosos.

Oremos:"Padre Nuestro que estás en los cielos, ayúdanos a comprender el significado de la muerte de tu Hijo Jesús en la cruz. Ayúdanos a estar atentos a tu voz al estudiar tu Santa Palabra, amén."

El Padecimiento De Jesús

San Lucas explica: "Cuando llegaron al sitio llamado la Calavera, crucificaron a Jesús" (23:33). La crucifixión era el método de tortura más cruel que habían podido diseñar los romanos. Primero clavaban las manos y los pies del penitente. Luego levantaban la cruz lo cual hacía que el peso del cuerpo causara un dolor profundo. Al perder la sangre y sentir los rayos candentes del sol los penitentes experimentaban una sed profunda. Cuando las piernas perdían toda la fuerza, el peso del cuerpo caía sobre los brazos lo cual hacía que ellos perdieran la respiración. Para poder respirar, hacían un esfuerzo por sostener su peso con las piernas. Esta agonía continuaba hasta que la persona perdía toda la energía y gradualmente se asfixiaba.

El padecimiento de Jesús fue aun más profundo que esto. El sufrió porque la gente y los soldados siguieron burlándose de él (Lucas 23:37) y porque los soldados echaron suertes para ver quién se iba a quedar con sus vestidos (Juan 19:23,24). Pero más que todo, Jesús sufrió porque él tuvo que llevar el pecado de toda la humanidad en su cuerpo al morir en la cruz.

Las Palabras de Jesús Desde La Cruz

En muchas ocasiones las palabras que dicen las personas al morir revelan su carácter.

1. El carácter perdonador de Jesús se reveló cuando él clamó: "Padre, perdónalos, porque no saben lo que hacen" (Lucas 23:34).

2. Su compasión se reveló cuando él dijo al penitente arrepentido: "Te aseguro que hoy estarás conmigo en el paraíso" (Lucas 23:43).

3. Su preocupación por el bienestar de su madre se manifestó cuando él dijo: "Mujer, ahí tienes a tu hijo" (San Juan 19:26).

4. Su sufrimiento al ser interrumpida su comunión perfecta con el Padre se vio cuando Jesús clamó: "Dios mío, Dios mío, ¿por qué me has abandonado?" (Mateo 27:46).

5. Su sufrimiento como humano se reveló cuando él gimió: "Tengo sed" (Juan 19:28).

6. Su satisfacción de haber cumplido su misión se mostró cuando exclamó: "Todo está cumplido" (Juan 19:30).
7. Su confianza completa en Dios se manifestó cuando oró:

"Padre, en tus manos encomiendo mi espíritu" (Lucas 23:46).

El Significado De La Crucifixión

Sin duda que nuestros corazones se han quebrantado al estudiar los eventos dolorosos de la crucifixión. No podemos contemplar a Cristo sobre la cruz sin hacer la pregunta, ¿por qué tuvo que morir así el Hijo amado de Dios? La Palabra de Dios contesta esta pregunta.

La Crucifixión Fue Un Sacrificio

La Palabra de Dios dice:

Y sin embargo él estaba cargando con nuestros sufrimientos, estaba soportando nuestros propios dolores. Nosotros pensamos que Dios lo había herido, que lo había castigado y humillado. Pero fue traspasado a causa de nuestra rebeldía, fue atormentado a causa de nuestras maldades; el castigo que sufrió nos trajo paz, por sus heridas alcanzamos la salud. Todos nosotros nos perdimos como ovejas, siguiendo cada uno su propio camino; pero el Señor cargó sobre él la maldad de todos nosotros" (Isaías 53:4-6).

La única explicación para la muerte de Jesús es que en la cruz, él pagó por mis pecados y por tus pecados.
Meditemos. Esta porción de la Biblia dice que Jesús:

1. Cargó nuestras _____

2. Soportó nuestros _____

3. Fue atormentado por nuestras _____

4. El castigo que sufrió nos trajo _____

5. Por sus heridas alcanzamos _____

6. Jehová cargó en él la _____ de todos nosotros

La Crucifixión Fue Un Sacrificio Completo

Cuando nuestro Señor Jesús estaba en la cruz, él exclamó: "Todo está cumplido." Esto significa que él cumplió su misión de hacer todo lo que era necesario para nuestra salvación. San Pedro explica: "Porque Cristo mismo sufrió la muerte por nuestros pecados, una vez para siempre. El era bueno, pero sufrió por los malos, para llevarlos a ustedes a Dios. Como hombre, murió; pero como ser espiritual que era, volvió a la vida" (I Pedro 3:18). "Una vez para siempre" significa que:

1. El sacrificio de Jesús fue único. Lo que hizo Cristo en la cruz no se puede repetir o mejorar.

2. El sacrificio de Cristo fue completo. No hay nada que nosotros podemos agregar al sacrificio de Cristo para alcanzar nuestra salvación.

3. El sacrificio de Jesús fue inmerecido. San Pablo aclaró esto a los que creían que con obedecer a la ley religiosa podían alcanzar la justicia de Dios. El les dijo: "No quiero rechazar la bondad de Dios; pues si uno pudiera quedar libre de culpa por obedecer la ley, Cristo habría muerto inútilmente" (Gálatas 2:21). En otras palabras, si nosotros pudiéramos salvarnos por nuestros propios esfuerzos o nuestros actos religiosos, entonces Cristo no hubiera tenido que morir.

Porque el sacrificio de Cristo en la cruz fue completo, ¿qué debemos hacer para recibir la salvación? La respuesta la encontramos en lo que hizo el malhechor en la cruz. Aunque el otro malhechor y los soldados se estaban burlando de Jesús, él creyó en Jesús y le pidió: "Acuérdate de mí cuando comiences a reinar" (Lucas 23:42). Jesús le contestó: "Te aseguro que hoy estarás conmigo en el paraíso"(v.43).

Meditemos:

1. ¿Qué fue lo que salvó a este malhechor?

2. ¿Podía salvarse con hechos de caridad?

3. ¿Podía participar en las actividades de la iglesia?

4. ¿Le pidió a otros aparte de Jesús que rogaran a Dios en su favor?

El penitente no podía hacer obras religiosas o de caridad para ganar su salvación, sólo creyó en Cristo. Jesús habló de esta fe sencilla y personal cuando dijo a Nicodemo: "Pues Dios amó tanto al mundo, que dio a su Hijo único, para que todo aquel que cree en él no muera, sino que tenga vida eterna" (San Juan 3:16).

Meditemos:

1. ¿Tengo yo esa fe sencilla como la del malhechor?

2. ¿He reconocido que Jesús verdaderamente es el Hijo de Dios?

3. ¿He puesto mi fe en Jesús como mi salvador?

Es muy inspirador el meditar en los eventos dolorosos de la muerte de Jesús. Pero esto no es suficiente. Para que el significado del sacrificio de Jesús se aplique a nuestras vidas necesitamos creer en él como nuestro salvador. Recordemos, por su sufrimiento alcanzamos nuestra sanidad, por su padecimiento nuestro perdón y por su sacrificio nuestra salvación.

Verso Bíblico para Memorizar:

"Pues Dios amó tanto al mundo, que dio a su Hijo único, para que todo aquel que cree en él no muera, sino que tenga vida eterna" (San Juan 3:16).

Oración:

Padre Nuestro que estás en los cielos, gracias por amarme tanto que mandaste a tu Hijo para morir en la cruz por mis pecados. Yo pongo mi confianza completa en Jesucristo como mi único salvador. Gracias por oír mi oración.

Notes

[44] William Barclay, *The Gospel of Matthew*, Volumen 2. (Philadelphia: Westminster Press, 1958), 401,20.

CUARTA PARTE

LOS MISTERIOS GLORIOSOS

El Rosario no termina con los *Misterios Dolorosos* sino que continúa de la tristeza de la Crucifixión a la alegría de la Resurrección. *Los Misterios Gloriosos* se basan en el hecho glorioso que Jesús no permaneció en la tumba sino que resucitó de entre los muertos. Las mujeres que fueron a la tumba escucharon el mensaje de los ángeles: "¿Por qué buscan ustedes entre los muertos al que está vivo? No está aquí, sino que ha resucitado" (San Lucas 24:5-7). Después de su resurrección, Jesús se presentó en persona a sus discípulos. "Durante cuarenta días se dejó ver de ellos y les estuvo hablando del reino de Dios" (Hechos 1:3).

Habiendo terminado su ministerio en la tierra, Jesús ascendió al cielo. "Mientras ellos lo estaban mirando, Jesús fue llevado, y una nube lo envolvió y no lo volvieron a ver" (Hechos 1:9). La ascensión de Jesús, no obstante, no dejó a sus discípulos abandonados. Jesús envió a su Espíritu Santo para estar con ellos (San Juan 14:18,25,26). Jesús prometió a sus discípulos que ellos tendrían un abogado quien les consolaría y les guiaría. El descenso del Espíritu Santo, por tanto, fue el cumplimiento de esa promesa. Al ascender al cielo, Jesús hizo otra promesa: "vendré otra vez para llevarlos conmigo" (San Juan 14:3,28). Basado en esta promesa, el *Misterio del Regreso de Jesús* ha sido incluido en *Los Misterios Gloriosos* que son claramente y enfáticamente enseñados en la Biblia. Los *Misterios Gloriosos*, por tanto enfocan no solo en los eventos gloriosos conectados con la resurrección de Jesús, la Ascensión de Jesús y el Descenso del Espíritu Santo, sino en el cumplimiento de la promesa de Jesús que regresará para llevar a los creyentes verdaderos para estar con él (San Juan 14:1-4).

Durante su ministerio terrenal Jesús explicó claramente que sólo los que le reciben como Señor y Salvador irán al cielo con él. El le dijo a Nicodemo: "Te aseguro que el que no nace de nuevo, no puede ver el reino de Dios" (San Juan 3:3). Jesús le dijo a la mujer samaritana: "Dios es Espíritu, y los que le adoran deben hacerlo de un modo verdadero, conforme al Espíritu de Dios" (San Juan 4:24). Para asegurarnos que si nos arrepentimos podemos estar seguros que Dios nos perdonará y nos restaurará, Jesús contó la parábola del Hijo Pródigo (San Lucas 15:11-24). A través de la parábola del Hombre Rico y Lázaro, Jesús enseñó que mientras tenemos vida decidimos nuestro destino final (San Lucas 16:19-31). Estas enseñanzas que han sido incluidas en los *Misterios Gloriosos* encontrados en la Biblia nos aseguran que nuestro Abogado, el Espíritu Santo está con cada persona que se arrepiente y que Jesús regresará por nosotros para llevarnos a estar con él.

CAPÍTULO 16

LA RESURRECCIÓN DE JESUS

(San Lucas 23-24)

Al meditar en los eventos dolorosos relacionados con la muerte de Jesús nuestros corazones se llenan de tristeza. La agonía en el huerto, la flagelación, la coronación de espinas, la cruz a cuestas y la crucifixión nos ayudan a comprender lo mucho que sufrió nuestro Señor Jesucristo para hacer posible nuestra salvación. Es muy importante, no obstante, que nuestro conocimiento de Jesús no termine con su muerte en la cruz. Lo cierto es que Dios lo resucitó y esto tiene gran significado para nuestras vidas.

La resurrección de Jesús es el evento más glorioso del cristianismo. En las Sagradas Escrituras encontramos tanto la evidencia clara y convincente de la resurrección como el significado de este evento glorioso para nuestras vidas.

La Evidencia De La Resurrección

En la Biblia hay evidencia abundante de que Cristo no se quedó muerto en la sepultura sino que resucitó. Pidamos que Dios ilumine nuestra mente al examinar esta evidencia.

La Evidencia De La Tumba Vacía

En el evangelio de San Lucas leemos que las mujeres que le habían seguido desde Galilea (María Magdalena, Juana, María la madre de Jacobo y otras) "el primer día de la semana regresaron al sepulcro muy temprano, llevando los perfumes que habían preparado" (Lucas 24:1). Al llegar allí, encontraron dos sorpresas.

Primero, "se encontraron con que la piedra que tapaba el sepulcro no estaba en su lugar" (v.2). Segundo, "y entraron, pero no encontraron el cuerpo del Señor Jesús" (v.4). Al estar preocupadas pensando qué habría pasado con el cuerpo de Jesús, ellas vieron a dos ángeles los cuales les dijeron: "¿Por qué buscan ustedes entre los muertos al que está vivo? No está aquí, sino que ha resucitado" (vv.4-6). No sólo las mujeres encontraron la tumba vacía sino que Pedro "fue corriendo al sepulcro; y cuando miró dentro no vio más que las sábanas. Entonces volvió a casa admirado de lo que había sucedido" (v. 12). Si los líderes judíos pudieran haber encontrado el cuerpo de Jesús, ellos lo hubieran puesto en un lugar público para probar a la gente que el mensaje de los discípulos de que Jesús había resucitado era una mentira. Pero nunca pudieron encontrar el cuerpo porque Cristo resucitó.

Meditemos:

1. Estamos acostumbrados a ver crucifijos con Cristo en la cruz, ¿pero estamos concientes que Cristo no permaneció en la cruz?

2. ¿Qué significa para nosotros el hecho de que la tumba estaba vacía?

3. Intelectualmente reconocemos que Cristo resucitó, pero emocionalmente, ¿sentimos la presencia de Cristo en nuestras vidas cada día?

La Evidencia De Las Apariciones De Cristo

En las Sagradas Escrituras encontramos evidencia clara y convincente que la tumba estaba vacía. Esto en sí no significa que Cristo resucitó. Pero tenemos además la evidencia de las diferentes ocasiones en las cuales Cristo apareció a sus seguidores, habló con ellos, comió con ellos, les permitió que lo tocaran y los reunió para que lo vieran subir al cielo. Repasemos brevemente estas ocasiones:

1. Cristo se presentó a María Magdalena y a las mujeres (Lucas 24:1-10; Marcos 16:9-11; Juan 20:11-18);

2. Él se presentó a las mujeres que regresaban de la sepultura (Mateo 28:5-10);

3. Él se presentó a San Pedro (Lucas 24:34; I Cor. 15:5);

4. Él apareció a los dos discípulos que iban rumbo a Emaús (Marcos 16:12-13: Lucas 24:13-35);

5. Él se presentó a diez de los discípulos que estaban reunidos en el aposento alto (Juan 20:19-20);

6. Él se presentó a los discípulos cuando Santo Tomás estaba presente (Juan 20:24-29; Marcos 16:14);

7. Él se presentó a Santiago (I Corintios 15:7);

8. Él se presentó a los discípulos junto al mar de Galilea (Juan 21:1-14; Mateo 28:16-20; Marcos 16:14-18);

9. ÉL se presentó a los once discípulos en el monte de Galilea y les dio el mandato de predicar el evangelio a todo el mundo (Mateo 28:16,17; Lucas 24:36-49);

10. Él se presentó a más de quinientos a la vez (I Cor. 15:6);

11. Él reunió a sus discípulos en Betania y a la vista de todos ellos, Jesús fue llevado al cielo (Lucas 24:50-53; Marcos 16:19-

20; Hechos 1:9-11).

Como podemos ver, las descripciones de las apariciones de Jesús no fueron invenciones de alguien sino el testimonio de personas que lo vieron, lo tocaron, y hablaron con él. No fueron sólo los apóstoles sino personas sencillas, como María Magdalena, que dieron la noticia de la resurrección de Jesús a los demás. No se puede decir que las personas se estaban imaginando que Cristo había resucitado. En primer lugar, no fueron una o dos personas que lo vieron sino los apóstoles, otros de sus discípulos y en una ocasión más de quinientos a la vez. Además no lo vieron por sólo un día sino que continuó apareciéndoles por cuarenta días. Jesús no apareció en un sólo lugar sino en muchos lugares y en diferentes situaciones. María Magdalena estaba llorando, Santo Tomás estaba lleno de dudas, los discípulos que iban caminando a Emaús estaban totalmente confundidos y los once discípulos estaban llenos de temor. En cada una de estas circunstancias ellos se convencieron que el Cristo que había muerto en la cruz y había sido sepultado ahora estaba frente a ellos lleno de vida y de la gloria de Dios. Las apariciones de Cristo en diferentes lugares, diferentes ocasiones, a diferentes personas por el espacio de cuarenta días dejaron a sus seguidores completamente convencidos que él cumplió su promesa de resucitar al tercer día (Lucas 9:22; 18:31-34).

Meditemos:

Hay una diferencia entre las apariciones de Cristo y las apariciones que algunas personas dicen que han visto. Una aparición puede ser el resultado de la imaginación, mientras que una aparición corporal es física y real. Repasemos las apariciones de Cristo:

1. Fueron en diferentes _____

2. Fueron a diferentes _____ (a más de 500 personas)

3. Fueron a través de 40 días.

4. Fueron físicas – los discípulos le tocaron (vea Mateo 28:9 y Juan 20:27).

5. Fueron para dirigir la atención hacia Dios.

6. Estuvieron de acuerdo con la Palabra de Dios.

Estas apariciones fueron verificadas y no el producto de la imaginación o la ilusión de alguna persona. El Cristo que murió fue el mismo que resucitó y que se presentó a sus seguidores.

La Evidencia De Las Vida Cambiadas De Los Discípulos

Una de las evidencias más poderosas de la resurrección de Jesús para los discípulos es el cambio que tomó lugar en sus vidas cuando ellos vieron al Cristo resucitado. Cuando Cristo murió a sus discípulos se sentían desilusionados, tristes y temerosos. La persona en la cual habían puesto toda su fe había sido crucificada y con la muerte de Jesús habían muerto las esperanzas de ellos. Pero cuando vieron al Cristo resucitado, todo esto cambió. Con gran gozo y entusiasmo ellos corrieron para avisar a otros que Cristo había resucitado.

Lo que nos convence de que ellos estaban completamente seguros que habían visto al Cristo resucitado fue que ellos estaban dispuestos a morir, con el fin de dar este testimonio. San Pedro y San Juan, por ejemplo, después haber hecho un milagro de curación de un paralítico, fueron amenazados por las autoridades que no hablaran acerca del Cristo resucitado o serían echados a la cárcel. Con gran valor ellos contestaron: "Pues bien, declaramos ante ustedes, para lo que sepa todo el pueblo de Israel, que este hombre que está aquí, delante de todos, ha sido sanado en el nombre de Jesucristo de Nazaret, al mismo a quien ustedes crucificaron y a quien Dios resucitó. Piensen ustedes mismos si es justo delante de Dios obedecerlos a ustedes en lugar de obedecerle a él. Nosotros no podemos dejar de decir lo que hemos visto y oído" (Hechos 4:10,19,20). Si ellos no estuvieran completamente convencidos de que Cristo había resucitado, ¿cree usted que ellos hubieran estado dispuestos a dar sus vidas por proclamar este mensaje?

La evidencia de la resurrección de Jesús es clara y convincente. La tumba estaba vacía, nunca pudieron encontrar el cuerpo muerto de Jesús. Cristo apareció a sus seguidores repetidas veces por cuarenta días. Esta no fue la ilusión de una o dos personas porque más de quinientas personas lo vieron, hablaron con él y escucharon sus enseñanzas. Además de esto, sus seguidores fueron cambiados de discípulos desalentados a misioneros motivados. Tan convencidos estaban que el Cristo resucitado les había enviado a predicar su mensaje de salvación que muchos de ellos dieron sus vidas para cumplir este mandato.

Meditemos:

Las vidas cambiadas de los seguidores de Cristo fueron evidencia de la resurrección.

1. ¿He notado un cambio en las personas que han invitado a Cristo a su corazón?

2. ¿He invitado a Cristo a que venga a mi corazón y cambie mi vida?

3. ¿Hay algo en mi vida que yo deseo que Cristo cambie?

El Significado De La Resurrección

Las descripciones de la resurrección de Jesús (la tumba vacía, sus apariciones y las vidas cambiadas) son de gran importancia porque nos ayudan saber que nuestra fe está basada en eventos históricos (algo que verdaderamente aconteció y no algo que alguien se imaginó). Pero para que todo esto no sea sólo una historia muy bonita de algo que aconteció en el pasado, necesitamos hacernos la pregunta: ¿Qué significa la resurrección de Jesús para mí en este día? En otras palabras, ¿Dónde está el Cristo resucitado hoy?

Cristo Está Hoy Con Los Que Han Perdido La Esperanza

En San Lucas 24:15-24 encontramos la descripción de dos discípulos que iban de Jerusalén a Emaús. Sus corazones estaban llenos de tristeza porque el Cristo, a quien ellos habían amado tanto, había sido ejecutado en la forma más cruel que los hombres habían inventado. Juntamente con Cristo habían muerto las esperanzas que ellos tenían que él los iba a libertar de la opresión de los romanos (v. 21). Fue en ese camino triste y solitario que Cristo les apareció y les recordó de sus promesas (v.25-31). Al darse cuenta que el Cristo resucitado les había aparecido, ellos regresaron a Jerusalén a dar la noticia y decían: "¿No es verdad que nos ardía en el pecho cuando nos venía hablando por el camino y nos explicaba las Escrituras?" (v.32).

Cuando nosotros, debido a las circunstancias, las decepciones y los sufrimientos de la vida, hemos perdido la esperanza, podemos contar con la presencia de Cristo. El dice en su Palabra: "Yo he venido para que tengan vida, y para que la tengan en abundancia" (Juan 10:10). Esta vida está llena de gozo y de esperanza porque él está con nosotros. Con Jesús en nuestros corazones podemos enfrentar la vida con confianza. Por eso San Pablo dice: "A todo puedo hacerle frente, pues Cristo es quien me sostiene" (Filipenses 4:13).

Meditemos:

1. ¿He perdido la esperanza con respecto a algo en mi vida?

2. ¿Deseo invitar a Cristo para que él traiga esperanza a mi vida?

Cristo Está Hoy Con Los Que Necesitan Su Perdón

En San Mateo 26:69-75 encontramos el relato de la ocasión en que Pedro negó que conociera a Jesús. Los soldados habían arrestado a Jesús. Pedro se acercó a un patio donde había un grupo calentándose cerca al fuego. Cuando una criada dijo que Pedro era un seguidor de Jesús, él lo negó y aun usó malas palabras para probar que no lo conocía. En ese momento, Jesús pasaba por allí y lo vio (Lucas 22:61). Cuando Pedro se dio cuenta del pecado que había cometido, él "lloró amargamente" (Mateo 26:75). Es muy alentador, no obstante, ver que cuando el Cristo resucitado dijo a las mujeres que dieran la noticia de su resurrección, él les instruyó específicamente que le dijeran a Pedro (Marcos 16:5). Porque Pedro se arrepintió, Jesús lo perdonó.

Cuando nosotros hemos pecado contra Dios, contra nuestros seres queridos y contra nosotros mismos, necesitamos el perdón de Jesús. San Juan nos dice que si confesamos nuestros pecados a

Jesús "podemos confiar en que Dios hará lo que es justo: nos perdonará nuestros pecados y nos limpiará de toda maldad" (1 Juan 1:9).

Meditemos:

1. ¿Necesito el perdón de Cristo hoy?

2. ¿Estoy dispuesto a que él venga a mi vida y perdone mis pecados?

Cristo Está Hoy Con Los Que Tienen Dudas

En San Juan 20:24-29 encontramos la experiencia de Santo Tomás. El había oído que Jesús había resucitado pero no lo había visto. Por eso se rehusaba a creer (v.25). Pero ocho días después Jesús apareció a Tomás y a los demás y le dijo: "Mete aquí tu dedo, y mira mis manos; y trae tu mano, y métela en mi costado. No seas incrédulo; ¡cree!" (v.27). Al ver la evidencia, Tomás exclamó: ¡Mi Señor, y mi Dios!

Cristo no se impacienta cuando tenemos dudas sinceras. Si verdaderamente queremos conocer la verdad, él está cerca a nosotros para guiarnos por medio de su Palabra. El dijo: "Yo soy el camino, la verdad y la vida. Solamente por mí se puede llegar al Padre" (Juan 14:6).

Meditemos:

Tengo dudas acerca de:

1. ¿Las enseñanzas de Cristo? _____

2. ¿La salvación que Cristo ofrece?_____

3. ¿La vida que debe vivir el cristiano?_____

4. ¿Qué iré al cielo cuando muera?_____

5. ¿Estoy dispuesto a confiar en el Cristo resucitado como mi Salvador personal? _____

6. La resurrección es más que un evento histórico, es una realidad en nuestras vidas. ¿Haz permitido que el Cristo vivo venga a vivir en tu corazón?_____

Verso para Memorizar:

Jesús dijo, "Yo soy el camino, la verdad y la vida. Solamente por mí se puede llegar al Padre" (Juan 14:6).

Oración:

Querido Padre Celestial, te doy gracias desde lo profundo de mi corazón porque resucitaste a Cristo de los muertos. Ayúdame a vivir cada día con la seguridad de que Cristo resucitó y que él vive en mi corazón y es capaz de ayudarme a vencer cualquiera situación que yo pueda encontrar. En el nombre de Jesús hago esta oración, amén.

CAPÍTULO 17

LA ASCENSIÓN DE JESÚS

(San Lucas 24 y Hechos 1)

Después de haber resucitado Jesús apareció a sus seguidores por cuarenta días. Al fin de su ministerio terrenal, él no se desapareció simplemente sino que reunió a sus discípulos y se despidió de ellos. El quería darles las últimas instrucciones y darles la oportunidad de ver por sí mismos el poder de Dios al llevarlo al cielo. San Lucas describe este evento en dos porciones de la Biblia: Lucas 24:50-53 y Hechos 1:6-11. Este evento fue muy importante porque marcó el fin del ministerio terrenal de Jesús y estableció su sacerdocio celestial.

La Ascensión De Jesús

La preparación para la ascensión

Antes de subir al cielo, Jesús sacó a sus discípulos de la ciudad de Jerusalén y los llevó al monte de los olivos en Betania (Lucas 24:50). No cabe duda que él quería estar solo con ellos, pues esta sería la última vez que lo verían aquí sobre la tierra. Consciente del impacto que ellos recibirían al despedirse de él, Jesús alzó sus manos y los bendijo. No sabemos qué dijo Jesús al bendecirlos, pero sí sabemos que en su oración por ellos (San Juan 17), él pidió a Dios que: 1. Los proteja del mal (v.15),
2. Que los consagre por medio de la verdad (v.17),
3. Que estén completamente unidos (v.21)
4. Que estén con él en su gloria (v.24).

Así como los padres de familia dan la bendición a sus

hijos al salir estos del hogar, Jesús dio una bendición muy especial a sus discípulos.

El evento de la ascensión

San Lucas explica: "Y mientras los bendecía, se apartó de ellos, y fue llevado al cielo" (Lucas 24:51). En el libro de Los Hechos, San Lucas agrega más detalle cuando dice: "Dicho esto, mientras ellos estaban mirando, Jesús fue llevado, y una nube lo envolvió y no lo volvieron a ver" (1:9). Como ya hemos dicho, Cristo no se desapareció simplemente y ya no lo vieron más. Él les dio el privilegio a sus discípulos de oír sus últimas palabras, de recibir su bendición y de verlo subir al cielo. Por medio de este milagro de la ascensión sus discípulos pudieron ver el cuerpo de Jesús elevarse visiblemente más y más alto hasta que la nube lo ocultó. Ninguna otra despedida podría haber causado el impacto que causó esta despedida gloriosa.

El significado de la ascensión

Al leer la descripción de este evento sabemos lo que aconteció: Cristo subió al cielo. Al estudiar estos y otros pasajes de la Escritura nos damos cuenta del significado que tuvo este evento.

Lo Que Significó Para Jesús

Para Jesús este evento tuvo un significado de suma importancia. Su ascensión significó el fin de su sufrimiento terrenal y el principio de su coronación celestial. Esto significaba que él había cumplido su misión de:
1. Nacer en este mundo,
2. Vivir una vida santa,

3. Comunicar a las personas el mensaje del amor de Dios,
4. Morir en la cruz por nuestros pecados,
5. Resucitar al tercer día,
6. Regresar con honor y gloria al Padre celestial.

Este es el corazón del evangelio. Esto explica la misión que nuestro amado Salvador Jesucristo vino a cumplir. Si creemos con todo nuestro corazón y recibimos a Cristo como nuestro Salvador, tenemos completa seguridad que hemos recibido la salvación de nuestra alma.

Repasemos estas verdades eternas:
Creo que Jesús, el Hijo de Dios:
1. ¿Vino a tomar forma humana y a nacer en este mundo?
2. ¿Vivió una vida santa y sin pecado?
3. ¿Murió en la cruz por mis pecados?
4. ¿Resucitó al tercer día?
5. ¿Regresó con honor y gloria al Padre Celestial?

Al resucitar, él hizo lo que ningún otro líder religioso pudo hacer. Al elevarse al cielo, él confirmó que todas sus enseñanzas acerca del Padre celestial eran la pura verdad. El hijo de Dios vino a este mundo con una misión y, al haberla cumplido, regresó a su Padre amado.

El Significado Para Los Discípulos

A primera vista pareciera que la ascensión de Jesús debiera haber sido una experiencia muy triste. Los discípulos sabían que esta era la última vez que lo iban a ver aquí sobre la tierra. San Lucas nos dice, no obstante, que en vez de llenarse de tristeza, ellos adoraron a Jesús (24:52). Al ver a los ángeles y al ver a Jesús elevarse al cielo, ellos sabían que estaban en la presencia de Dios. Esta no era una despedida sino una coronación. Así como los súbditos se arrodillan y rinden homenaje a su rey cuando es coronado, los discípulos inclinaron su rostro y adoraron al Rey de Reyes y Señor de Señores.

Es importante que reconozcamos que sólo Cristo merece esta adoración. Ninguno de los apóstoles por consagrados que hayan sido merece la adoración (Hechos 10:25,26). Jesucristo, el hijo de Dios, el que dio su vida por nosotros, resucitó y ascendió al cielo es el único al cual debemos adorar.

"Ellos, después de adorarlo, volvieron a Jerusalén muy contentos" (Lucas 24:52). La presencia visible de Jesús ya no estaba con ellos pero ellos sentían su presencia en sus corazones y por eso tenían tanto gozo. El se fue para poder estar presente en sus corazones. Ahora tendrían a Jesús en el cielo para cuidar de ellos, guiarlos y preparar lugar para ellos. Por eso ellos estaban en el templo alabando y bendiciendo a Dios (v.53).

Meditemos:

1. A la luz del nacimiento, la vida, la muerte, la resurrección, y la ascensión de Jesús, ¿merece él nuestra más alta adoración?

2. Después de que Cristo subió al cielo, los discípulos sintieron su victoria en sus corazones. ¿Tenemos su victoria y su presencia en nuestros corazones hoy? _____ Si no, ¿que necesitamos hacer? _____

La Promesa Del Regreso De Jesús

Otra de las razones por la cuales los discípulos no estaban tristes fue que los ángeles les recordaron de la promesa de Jesús de regresar por ellos. "Galileos, ¿por qué se han quedado mirando al cielo? Este mismo Jesús que estuvo entre ustedes y que ha sido llevado al cielo, vendrá otra vez de la misma manera que lo han visto irse allá" (Hechos 1:11). La promesa es que Jesús mismo vendrá por sus seguidores (no mandará a un mensajero) y que el vendrá de la misma manera en que subió (en las nubes, acompañado de ángeles). Fue esta promesa la que dio gran confianza y gran gozo a los discípulos de Jesús. Nosotros tenemos la misma esperanza.

Meditemos:

1. ¿Qué significa que Cristo va a regresar para llevar a sus seguidores al cielo?
    a. Que él mismo va a regresar (Hechos 1:11)
    b. Que él va a llevar sólo a los que le han aceptado como su Salvador (Juan 3:16-18)
    c. Que él los va a llevar al cielo para que estén con él.

2. ¿Me estoy preparando para el día cuando Cristo regrese?

3. ¿Qué necesito hacer para estar preparado? (Juan 3:16).

El Ministerio De Jesús En El Cielo

Jesús terminó su ministerio terrenal para comenzar su ministerio celestial. ¿Qué está haciendo Jesús en el cielo?

Jesús Está Reinando En El Cielo

San Pedro dice lo siguiente acerca del ministerio de Jesús en el cielo: "que subió al cielo y está a la derecha de Dios, y al que han quedado sujetos los ángeles y demás seres espirituales que tienen autoridad y poder" (1 Pedro 3:22). La expresión "la derecha de Dios" significa el lugar de honor. Los reyes siempre ponían a las personas más importantes en el reino a la diestra de su trono. Jesús ocupa el lugar más elevado en el cielo aparte de Dios mismo. Este es un puesto de autoridad, pues, él tiene mandato sobre todos los ángeles en el cielo. En otras palabras, Jesús es el rey del cielo vestido de poder y majestad.

Meditemos:

1. A la luz de las enseñanzas de la Biblia, aparte de Dios mismo, ¿quién es la autoridad suprema en el cielo y en la tierra? (Mateo 28:18)

2. ¿Tiene Jesús autoridad sobre los espíritus malos, los brujos y los curanderos? (Vea 1 Juan 4:4).

3. ¿Si yo invito a Cristo a mi corazón, puede él derrotar todas las influencias malas en mi vida?

4. Siendo que Cristo cumplió su misión, fue llevado al cielo, y está a la diestra de Dios, ¿quién merece mi suprema adoración?

Jesús Está Rogando Por Nosotros En El Cielo

Hablando del ministerio de Jesús en el cielo, San Pablo dice: "¿Quién podrá condenarlos? Cristo Jesús es quien murió; todavía más, quien resucitó, y está a la derecha de Dios, rogando por nosotros" (Romanos 8:34).

San Pablo asegura que nadie puede condenar a los que han entregado sus vidas a Cristo porque él ha hecho todo lo necesario para su salvación. No solamente murió, resucitó, y fue coronado por Dios sino que intercede (o sea, ruega al Padre) por nosotros. Vemos en este pasaje la gloriosa verdad que Cristo está a la diestra del Padre abogando por nosotros.

La Palabra de Dios nos enseña que:

1. Cristo es la persona designada por Dios para rogar por nosotros. "Porque no hay más que un Dios; y no hay más que un hombre que pueda llevar a todos los hombres a la unión con Dios: Jesucristo" (1 Timoteo 2:5). "Hay un solo Dios, y un solo mediador entre Dios y los hombres, Jesucristo hombre" (1 Timoteo 2:5).[45]

La Biblia enseña que el único mediador es _____

2. Hagámonos estas preguntas:
   a. ¿Quién murió en la cruz por nuestros pecados?,
   b. ¿Quién resucitó al tercer día?,
   c. ¿Quién ascendió al cielo y se sentó a la diestra de Dios?
   d. ¿Hay un lugar en la Biblia que enseña que Dios designó a otra persona (por buena que haya sido) como su mediador?
   e. Siendo que Cristo es el único mediador entre Dios y los hombres, ¿a quién le debemos pedir que interceda por nosotros?

La Palabra de Dios también nos enseña cómo debemos acercarnos a Jesucristo para que él abogue por nosotros.

> Jesús, el Hijo de Dios, es nuestro gran sumo sacerdote que ha entrado en el cielo. Por eso debemos seguir firmes en la fe que profesamos. Pues nuestro sumo sacerdote puede compadecerse de nuestra debilidad, porque él también estuvo sometido a las mismas pruebas que nosotros; sólo que él jamás pecó. Acerquémonos, pues, con confianza al trono de nuestro Dios amoroso, para que él tenga misericordia de nosotros y en su bondad nos ayude en la hora de necesidad (Hebreos 4:15-16).

Las buenas nuevas que nos da la Palabra de Dios son que Jesús es nuestro Mediador (nuestro Sumo Sacerdote) en el cielo. El se puede compadecer de nosotros porque él vivió en este mundo y enfrentó las luchas, los problemas y los sufrimientos de la vida. Por eso podemos acercarnos a Jesús confiadamente sabiendo que él conoce nuestra situación. Como nuestro Sumo Sacerdote en el cielo, él ruega al Padre por nosotros y nos capacita para seguir firmes en su camino hasta el día en que estemos con él.

Meditemos:

¿Qué significa que debemos acercarnos a Cristo confiadamente con nuestras oraciones?

1. ¿Que debemos pedirle con timidez (temor)?

2. ¿Que no sabemos si nos está escuchando?
3. ¿Que no sabemos si nos comprende?
4. ¿Que no sabemos si puede ayudarnos?

Algo más que debe darnos confianza es saber que el sacrificio de Jesús en la cruz fue completo en toda forma. La Palabra de Dios dice:

> Porque Cristo no entró en aquel santuario hecho por los hombres, que era solamente una figura del santuario verdadero, sino que entró en el cielo mismo, donde ahora se presenta delante de Dios para rogar en nuestro favor. Y no entró para ofrecerse en sacrificio muchas veces, como hace cada año todo sumo sacerdote que entra en el santuario para ofrecer sangre ajena. Si ése fuera el caso, Cristo habría tenido que morir muchas veces desde la creación del mundo. Pero el hecho es que ahora, en el final de los tiempos, Cristo se ha aparecido una vez y para siempre, ofreciéndose a sí mismo en sacrificio para

quitar el pecado. Y así como todos han de morir una sola vez y después vendrá el juicio, así también Cristo ha sido ofrecido en sacrificio una sola vez para quitar los pecados de muchos. Después aparecerá por segunda vez, ya no en relación con el pecado, sino para salvar a los que le esperan (Hebreos 9:24-28).

Meditemos:

La Biblia enseña en este pasaje que:
1. ¿Cristo fue ofrecido en sacrificio muchas veces?
2. ¿A dónde entró Jesús para presentarse a Dios?
3. ¿Por quién entró Jesús en el cielo?
4. ¿Para remover los pecados de quién?
5. ¿Para salvar a quién?

Vemos, pues, que Jesucristo, el Hijo de Dios, hizo el sacrificio perfecto en la cruz, resucitó de los muertos y luego ascendió al cielo para ser nuestro Sacerdote Perfecto. Él ya no tiene que ser sacrificado vez tras vez, sino que habiendo sido sacrificado uno sola vez, se presentó ante Dios para ser nuestro sacerdote.

Al pensar en la ascensión de Jesús nosotros tampoco nos sentimos tristes. Hay profunda alegría en nuestro corazón.

Primero, nos alegramos al saber que Cristo ya no esta sufriendo sino que subió al cielo donde fue coronado de honor, poder y gloria.

Segundo, nos alegramos porque sabemos que porque Cristo ascendió al cielo, él puede morar en nuestros corazones en una forma espiritual.

Tercero, nos alegramos porque tenemos la plena confianza que él es nuestro mediador, nuestro sumo sacerdote, el cual se compadece de nosotros porque conoce nuestra condición humana. No tenemos que pasar el tiempo buscando otros mediadores. Nadie más murió por nosotros, resucitó al tercer día, ascendió al cielo y se sentó a la diestra de Dios para interceder por nosotros.

Cuarto, nos alegramos porque tenemos la promesa que Cristo regresará por los que le han recibido en su corazón. Como él dijo al penitente en la cruz, "Hoy estarás conmigo en el paraíso," el nos asegura por medio de su Palabra que él ansía el día cuando estemos con él en la gloria.

¿Tiene usted esta esperanza y esta confianza de estar con Jesús en el cielo? Si no la tiene, puede tenerla recibiendo a Jesús como su Salvador.

Verso Bíblico para Memorizar:

Este mismo Jesús que estuvo entre ustedes y que ha sido llevado al cielo, vendrá otra vez de la misma manera que lo han visto ir allá (Hechos 1:11).

Oración:

Querido Jesús, mi corazón está lleno de gozo al saber que ya estás en el cielo reinando e intercediendo al Padre por mí. Porque tú eres mi perfecto Mediador y Sumo Sacerdote, yo tengo completa confianza que tú comprendes perfectamente las cosas por las cuales yo paso y eres capaz de guiar cada paso que tomo, hasta que llegue al cielo contigo. Gracias mi precioso Salvador por lo que significas para mí, amén.

Notas

[45] Sociedades Bíblicas Unidas, Versión Reina Valera, 1960

CAPÍTULO 18

LA VENIDA DEL ESPIRITU SANTO

(Hechos 2)

Una de las razones por las cuales los discípulos no se sintieron tristes cuando Cristo subió al cielo fue que él les prometió que no los dejaría huérfanos. Él les dijo: "Yo le pediré al Padre que les mande otro Defensor, el Espíritu de la verdad, para que esté siempre con ustedes. Los que son del mundo no lo pueden recibir, porque no lo ven ni lo conocen; pero ustedes lo conocen, porque él esté con ustedes y permanecerá siempre en ustedes" (Juan 14:16,17). Jesús consideró que la presencia del Espíritu Santo era tan importante en la vidas de sus discípulos que les mandó que no se fueran de Jerusalén hasta que lo recibieran en sus corazones (Hechos 1:4). Si Jesús enseñó que el Espíritu Santo era absolutamente necesario en las vidas de sus discípulos, es importante que nosotros estudiemos lo que dice la Palabra de Dios acerca del Espíritu Santo, la tercera persona de la Santísima Trinidad. Demos atención, pues, a la venida del Espíritu Santo y al ministerio del Espíritu Santo en nuestras vidas.

La Venida Del Espíritu Santo

En el libro de Hechos, San Lucas explica que los discípulos y otros seguidores de Jesús (ciento veinte en número) obedecieron su mandato y se volvieron a Jerusalén (1:15). Ellos "se reunían siempre para orar" (1:14) hasta que se llegó el día de Pentecostés (2:1). Al estar allí juntos orando a Dios, el Espíritu Santo llegó en una forma milagrosa.

El Espíritu Santo Vino Del Cielo

La llegada del Espíritu Santo fue acompañada por un ruido "como de un viento fuerte" (2:2). Este viento vino del cielo y llenó la casa donde estaban. En varias partes de la Biblia Jesús compara el Espíritu Santo con el viento. Por ejemplo, él le dijo a Nicodemo: "El viento sopla por donde quiere, y aunque oyes su ruido, no sabes ni de dónde viene ni a dónde va. Así son también todos los que nacen del Espíritu" (Juan 3:8). En otras palabras, Jesús le está diciendo: "El hecho de que tu no ves el viento no significa que no existe. Aunque no lo ves, sí puedes ver el resultado del viento y de la misma manera podrás ver el cambio que el Espíritu Santo va a hacer en tu vida."

Meditemos:

1. ¿Creemos en la Santísima Trinidad – El Padre, el Hijo, y el Espíritu Santo?_____

2. Si creemos en el Espíritu Santo, ¿qué lugar ocupa en nuestras vidas?_____

3. ¿Comprendemos el papel que debe jugar el Espíritu Santo diariamente en nuestras vidas?

El Espíritu Santo Llenó Los Corazones De Los Discípulos

No sólo se sintió la presencia del Espíritu Santo en la casa donde estaban sino que se hizo presente en los corazones de los discípulos. La Palabra Dios dice que "Y todos quedaron llenos del Espíritu Santo" (Hechos 2:4). Como ya leímos en Juan 14:17 Cristo les había dicho: "Pediré al Padre para que les mande otro Defensor, el Espíritu Santo de la verdad, que esté siempre con ustedes." El Espíritu Santo ya había estado preparando el camino para la llegada de Jesús (por eje., la anunciación y el nacimiento virginal de Jesús) y para el ministerio de Jesús (por eje., el bautismo de Jesús).

Al subir Jesús al cielo, ya no iba a poder estar con ellos en una forma física (ya no le iban a ver, a tocar, y oír), pero lo maravilloso de esto era que por medio del Espíritu Santo, ahora Jesús iba a vivir en sus corazones. En dondequiera que ellos estuvieran y en cualquiera situación Cristo estaría con ellos en una forma espiritual al morar su Espíritu es sus corazones. Esto fue lo que dio valor, consuelo, fuerza y gozo a sus discípulos. Lo maravilloso de esto es que lo mismo puede acontecer en nuestras vidas al recibir a Jesús en nuestro corazón.

El Espíritu Santo Repartió Lenguas Como De Fuego

Tan sorprendente como el sonido del viento fue el milagro de las lenguas como de fuego que se asentaron sobre cada uno de ellos (v.3). Además de oír algo extraordinario, ellos vieron algo extraordinario. Sobre la cabeza de cada uno de ellos apareció una señal como una llama pequeña. Este era el símbolo de que la presencia del Espíritu Santo estaba con ellos.

Pero no sólo se vio esta señal sino que se vio otro milagro. Los que recibieron el Espíritu Santo comenzaron a predicar la Palabra de Dios en idiomas (otras lenguas) que ellos mismos no conocían pero que los extranjeros que estaban allí de muchos países sí pudieron entender (2:4-12). Al ver este milagro más de tres mil personas se arrepintieron; recibieron a Cristo en sus corazones; fueron bautizados; y se añadieron al grupo de sus seguidores (2:41).

La venida del Espíritu Santo fue un evento milagroso. El estruendo, las lenguas como de fuego y la habilidad de compartir el mensaje de Dios en idiomas diferentes fueron un verdadero milagro. El resultado de todo esto fue que el Espíritu Santo vino a morar en los corazones de los seguidores de Jesús con el fin de que ellos no se sintieran solos sino que tuvieran su presencia, su consuelo y su dirección en sus vidas.

El Ministerio Del Espíritu Santo En Nuestras Vidas

La venida del Espíritu Santo fue el cumplimiento de una promesa que Cristo hizo a sus discípulos, la cual encontramos en San Juan 14:15-25 y 16:7-15. Estos pasajes explican el ministerio del Espíritu Santo en nuestras vidas.

El Espíritu Santo Es Nuestro Ayudador

Jesús dijo a sus discípulos: "Y yo le pediré al Padre que les mande otro Defensor, el Espíritu Santo para que esté siempre con ustedes" (Juan 14:16). La palabra que se usa para "Defensor" es la palabra "Paracleto" la cual describe a uno que ha sido llamado para estar a nuestro lado para ayudarnos. Otras palabras que se usan para describir a un "Paracleto" son Ayudador, Defensor, Auxiliador, Intercesor o Confortador. Los griegos usaban la palabra "Paracleto" para describir a una persona que era llamada para: (1) testificar a favor de alguien en una corte; (2) dar consejo en una situación difícil; (3) ayudar a alguien que estaba en peligro; (4) animar a personas que se sentían solas, deprimidas y desanimadas. La palabra "Paracleto" describe el ministerio del Espíritu Santo en nuestras vidas. El nos defiende, nos aconseja, nos ayuda y nos anima para vivir la clase de vida que Cristo quiere que vivamos y para que podamos hacer su santa y divina voluntad.

El Espíritu Es Nuestro Maestro

Jesús dijo a sus discípulos: "Pero el Espíritu Santo, el Defensor que el Padre va a enviar en mi nombre, les enseñará todas las cosas y les recordará todo lo que les he dicho" (Juan 14:26). Esto no significa que no tenemos que ir a la escuela para aprender lectura, matemática, etc. Lo que sí significa es que el Espíritu Santo nos ayuda a comprender lo que Cristo enseñó. Notemos que Jesús dijo que el mundo no conoce al Espíritu Santo (Juan 14:7). En otras palabras, la persona que no tiene al Espíritu Santo en su corazón no puede comprender las enseñanzas de Jesús. Por el contrario, cuando el Espíritu Santo mora en el corazón de una persona, él le ayuda a comprender y a obedecer las hermosas enseñanzas de Jesús.

Cristo dijo además: "Pero cuando venga el Defensor, el Espíritu de la verdad, que yo voy a enviar de parte del Padre, él será mi testigo" (Juan 15:26). Lo que esto significa es que cuando una persona escucha el evangelio (las buenas nuevas de que Cristo murió para salvarnos de nuestros pecados, resucitó, ascendió al cielo y está a la diestra de Dios intercediendo por nosotros) hay algo que le dice en su corazón que esto es verdad y que debe recibir a Cristo en su corazón. Esta voz interna es la voz del Espíritu Santo que testifica acerca de Jesús y lo que dice la Palabra de Dios acerca de él es la pura verdad.

El Espíritu Santo Es Nuestro Guía

La obra del Espíritu Santo es de guiarnos a Dios. ¿Cómo puede hacer el Espíritu Santo esto cuando hay muchas personas que no creen que necesitan a Cristo en sus vidas? Jesús contesta esta pregunta cuando dice: "Cuando él [el Espíritu Santo] venga, mostrará claramente a la gente del mundo lo que es el pecado, la rectitud y el juicio de Dios" (Juan 16:8).

El Espíritu Santo Nos Guía A Dios
Al Convencernos De Pecado.

Jesús explica: "El pecado se mostrará en que ellos no creen en mí" (v.9). Cuando los judíos crucificaron a Jesús, ellos no creían que estaban pecando. Pero, en el día de Pentecostés, cuando ellos oyeron el mensaje acerca de la crucifixión, ellos sintieron gran tristeza y remordimiento (Hechos 2:37). En otras palabras, como resultado de la obra del Espíritu Santo, ellos reconocieron que habían pecado. El Espíritu Santo nos ayuda a reconocer que hemos pecado contra Dios y pone en nosotros el deseo de arrepentirnos y reconciliarnos con Dios.

El Espíritu Santo Nos Guía a Dios
Al Convencernos De Justicia (v.10)

Porque Dios es un Dios santo y justo, él demanda que se haga justicia cuando se ha cometido un pecado. Pero lo cierto es que no hay nada que nosotros podamos hacer para merecer el perdón de Dios (Isaías 64:6), de otra manera Cristo no hubiera tenido que morir. El Espíritu Santo, pues, nos convence que Cristo murió en la cruel cruz por nuestros pecados y de esta forma somos declarados justos delante de Dios. "Así pues, libres ya de culpa gracias a la fe, tenemos paz con Dios por medio de nuestro Señor Jesucristo" (Romanos 5:1).

El Espíritu Santo Nos Guía A Reconocer
El Juicio De Dios

A través de su ministerio en nuestras vidas, el Espíritu Santo nos convence que un día vendrá el juicio de Dios. Hay personas que viven como si nunca tuviesen que dar cuenta por sus acciones. El

Espíritu Santo nos convence que un día vamos a estar ante la presencia del Juez Celestial para dar cuenta de lo que hemos pensado, dicho y hecho. "Así como todos han de morir una sola vez y después vendrá el juicio" (Hebreos 9:27). Para los que no han recibido a Jesucristo como su Salvador, este será un día temible. Pero para las personas que se hayan arrepentido de sus pecados y hayan recibido a Cristo como su Salvador, no tendrán temor porque él ya los declaró justos delante de Dios.

En el día del juicio, las personas no serán condenadas simplemente por los pecados que cometieron, sino porque rehusaron recibir el sacrificio de Cristo en la cruz y creer en él como su Salvador. Jesús dijo: "Los que no creen, ya han sido condenados, pues, como hacían cosas malas, cuando la luz vino al mundo prefirieron la oscuridad a la luz" (San Juan 3:19). Y luego agrega: "El que cree en el Hijo tiene vida eterna; pero el que no quiere creer en el Hijo, no tendrá esa vida, sino que recibirá el terrible castigo de Dios" (San Juan 3:36). San Pablo agrega: "Así pues, no hay ninguna condenación para los que están unidos a Cristo Jesús, porque la ley del Espíritu que da vida en Cristo Jesús, nos libera de la ley del pecado y de la muerte" (Romanos 8:1).

El Espíritu Santo es el Consolador (Paracleto) que Cristo nos envió para que viniese a morar en nuestros corazones. El ministerio del Espíritu Santo es de convencernos de pecado, de justicia y de juicio. Cuando obedecemos su voz y recibimos a Cristo en nuestros corazones tenemos su presencia con nosotros en todas las circunstancias de la vida y la seguridad que estaremos con él cuando él nos llame.

Verso Bíblico para Memorizar:

"Así pues, no hay ninguna condenación para los que están unidos a Cristo Jesús, porque la ley del Espíritu que da vida en Cristo Jesús nos, libera de la ley del pecado y de la muerte" (Romanos 8:1).

Oración:

Querido Jesús, te doy gracias por que has hecho provisión para nosotros cuando regresaste al cielo al enviarnos al Espíritu Santo. Te doy gracias que el Espíritu Santo es mi Abogado, mi Consejero, mi Intercesor, mi Maestro, y mi Guía. Ayúdame a reconocer que nunca estoy solo, porque tu Espíritu Santo siempre está conmigo. Gracias por la confianza, la paz, y el gozo que trae esta seguridad a mi corazón, amen.

CAPÍTULO 19

EL REGRESO DE JESUS

(Hechos 1 y 1 Tesalonicenses 4)

La Biblia enseña que Jesús no sólo murió, resucitó, ascendió al cielo y mandó el Espíritu Santo, sino que él regresará a este mundo para llevar a los que le han recibido como su Salvador y Señor. Recordemos que cuando Jesús ascendió al cielo, los ángeles anunciaron: "Este mismo Jesús que estuvo entre ustedes y que ha sido llevado al cielo, vendrá otra vez de la misma manera que lo han visto irse allá" (Hechos 1:11). El apóstol Pablo afirma también que Cristo regresará (1 Tesalonicenses 4:11-17).

¿Cómo Será La Venida De Cristo?

La venida de Cristo será personal, inesperada, y acompañada por grandes símbolos de majestad.

La Venida De Cristo Será Personal (1 Tesalonicenses 4)

Este pasaje dice: "el Señor mismo" (v.16). El mensaje de los ángeles fue: "este mismo Jesús" (Hechos 1:11) Esto afirma lo que Jesús mismo afirmó cuando dijo: "Y después de irme y de prepararles un lugar, vendré otra vez para llevarlos conmigo, para que ustedes estén en el mismo lugar en donde yo voy a estar" (Juan 14:3). Está bien claro aquí que Cristo no está diciendo que él va a enviar a alguien por sus escogidos. El dice que él mismo va a preparar lugar y que él mismo va a regresar por los suyos para llevarlos a donde él está. El verbo "vendré" indica que el que está hablando es el que va a regresar. Las expresiones "prepararles lugar" y "para llevarlos" también indican que esta acción será tomada por el que está hablando. En otras palabras "yo voy a preparar lugar" y "yo voy a regresar." Cristo regresará personalmente. Ninguna otra cosa aparte de su regreso personal puede cumplir la promesa de Jesús mismo y de sus ángeles.

Meditemos:

1. Las profecías dadas más de 500 años antes de la primera venida de Jesús fueron cumplidas al pie de la letra:
    a. Que iba a nacer de una virgen (Isaías 7:14)
    b. Que iba a nacer en Belén (Miqueas 5:2)

    c. Que iba a morir por nuestros pecados (Isaías 53:5)

2. ¿Creemos que las profecías acerca de la segunda venida de Cristo se van a cumplir?

3. Cuando Cristo prometió que iba a enviar al Espíritu Santo (el Consejero Abogado), el explicó claramente que el Consejero Abogado no era el Cristo mismo (Juan 16:7). ¿Cree usted que si Cristo prometió que él mismo regresará, él cumplirá su promesa?

La Venida De Cristo Será Inesperada

A través de la Biblia encontramos pasajes que hablan acerca de la forma inesperada en que Cristo regresará. Cristo dijo: "Manténganse ustedes despiertos, porque no saben a qué hora va a venir su Señor. Por eso, ustedes también estén preparados; porque el Hijo del Hombre vendrá cuando menos lo esperen" (Mateo 24:42,44).

En varios pasajes se utiliza la expresión "como ladrón de noche" para describir la forma inesperada en que Cristo regresará. Pedro dice: "Pero el día del Señor vendrá como un ladrón" (II Pedro 3:10). En Apocalipsis Cristo dice: "Si no te mantienes despierto, iré a ti como un ladrón, cuando menos lo esperes" (3:3). Otros pasajes también enfatizan la forma inesperada en que Cristo regresará. Cristo dijo, por ejemplo: "Pero cuando menos lo esperaban, vino el diluvio y se los llevó a todos. Así sucederá también cuando regrese el Hijo del Hombre" (Mateo 24:39).

En la historia del ser humano ha habido grandes sorpresas en una escala mundial. En los días más modernos algunas de estas sorpresas han sido la caída de la muralla de Berlín y el desmoronamiento de la Unión Soviética. Pero ninguna de estas sorpresas se podrá comparar jamás a la sorpresa que recibirá este mundo cuando Cristo regrese. Cuando los cielos se abran y Cristo aparezca, el mundo recibirá el impacto más grande que jamás haya recibido. Los mandatarios máximos del mundo tendrán que interrumpir sus actividades y reconocer que un evento de inmensa magnitud ha acontecido. Los comandantes de los ejércitos más poderosos del mundo se quedarán completamente atónitos sabiendo que no hay forma en este mundo de contrarrestar lo acontecido. Los canales de comunicación abandonarán inmediatamente su programación ordinaria para tratar de descifrar y describir este evento tan asombrador. Los oficiales de compañías multinacionales harán a un lado sus transacciones monetarias al darse cuenta que algo ha acontecido que sobrepasa infinitamente el significado de sus negocios terrenales. Los que han vivido sólo para las riquezas, la fama, y el placer tendrán que reconocer que estos no tienen valor en comparación con la pérdida de sus almas preciosas.

Meditemos:

1. Si no sabemos cuándo va a regresar Cristo ¿cuál debe ser

nuestra actitud?

2. ¿Ignorar el hecho de su regreso porque no sabemos cuándo será?

3. ¿Esperar hasta el último momento para tratar de prepararnos?

4. ¿Estar preparados para su regreso, cuando sea que acontezca? (Vea 2 Pedro 3:11-18)

La Venida De Cristo Será Visible

Cuando Cristo ascendió al cielo, mientras los discípulos estaban con la mirada fija hacia arriba, aparecieron dos ángeles los cuales les dijeron: "Este mismo Jesús, que estuvo entre ustedes y que ha sido llevado al cielo, vendrá otra vez de la misma manera que lo han visto ir al cielo" (Hechos 1:11). "Este mismo Jesús que estuvo entre ustedes y que ha sido llevado al cielo, vendrá otra vez de la misma manera que lo han visto irse allá" (Hechos 1:11). ¿Cómo ascendió Cristo? El ascendió en una forma corporal, en una forma visible, y en una nube. Hay varias porciones de la Escritura que indican que esta es la forma en que Cristo regresará. Jesús dijo a sus discípulos: "Entonces se verá al Hijo del Hombre venir en una nube con gran poder y gloria" (Lucas 21:27).

La mejor forma de explicar el regreso de Cristo es describir la forma en que ascendió al cielo.

1. Cristo ascendió en una forma visible y regresará en una forma _____.

2. El ascendió al cielo en una forma corporal y regresará en una forma _____.

3. El subió al cielo en una nube y descenderá del cielo en una _____.

En todos estos versículos vemos evidencia del hecho de que Cristo regresará en una forma visible.

Meditemos:

1. ¿Por qué será necesario que Cristo regrese en forma visible y corporal?

2. ¿Para que los que han puesto su confianza en él tengan la oportunidad de verle regresando gloriosamente?

3. ¿Para que los que no creen en él se convenzan que el regreso de Cristo es real?

4. ¿Para que su promesa se cumpla que regresará así como se fue?

5. Cuando Cristo ascendió al cielo, la experiencia fue tan tangible y verdadera que sus discípulos determinaron dar sus vidas como testimonio de lo que habían visto y experimentado. Cuando Cristo regrese, su venida será tan real que nadie podrá negar la evidencia.

La Venida De Cristo Será Con Símbolos De Majestad

Cuando Cristo ascendió los ángeles dieron el anuncio de su regreso (Hechos 1:11). En su segunda venida, Cristo vendrá acompañado por ángeles (Mateo 16:27; 25:31) Estos mensajeros divinos vendrán con Cristo para rendirle la honra que él merece como el Hijo de Dios. Ellos también le acompañarán para servirle en las obras que Cristo va a desempeñar. La compañía de ángeles es símbolo de majestad.

En I Tesalonicenses 4:16 encontramos una descripción de la majestad con la cual Cristo regresará. "Porque se oirá una voz de mando, la voz de un arcángel y el sonido de la trompeta de Dios, y el Señor mismo bajará del cielo." La expresión "el Señor" indica el lugar que Cristo ocupa. Pablo usa el nombre "Jesús" para referirse al ministerio terrenal de nuestro salvador. Jesús vino en humillación para dar su vida por nosotros. Pero Pablo usa la expresión "Señor" para referirse al Cristo glorificado. El vendrá, como vimos en los versículos anteriores "con gran poder y gloria."

La expresión "con voz de mando" se refiere a la autoridad con la cual Cristo regresará. Esta será la autoridad con la cual ordenará la resurrección de los muertos y el juicio de los injustos. Esta será la voz del Cristo victorioso. Esta voz penetrará las profundidades de la tierra y del mar y será escuchada por todos los creyentes en el mundo.

La expresión "trompeta de Dios" añade vigor a esta autoridad. En el Antiguo Testamento la trompeta es utilizada para anunciar una visitación especial de Dios (vea Éxodo 19:16; Isaías 27:13). En el Nuevo Testamento la trompeta se utiliza para anunciar eventos trascendentales (vea Mateo 24:31; Apo. 8:2-10:7). Esta expresión también lleva consigo la idea de reunión. Los ejércitos utilizan la trompeta para llamar a los soldados y reunirlos para marchar a la batalla. Cuando suene la trompeta de Dios nos reuniremos todos los creyentes para ser llevados por el Señor a las moradas celestiales.

En su esfuerzo de describir lo divino en términos humanos, Pablo tiene que recurrir al uso de vocabulario superlativo. Cristo "el Señor" regresará con todos los símbolos de poder y majestad. El vendrá con poder absoluto para concluir los eventos de la historia humana de acuerdo con su plan y propósito.

Meditemos:

1. El que vino en humillación regresará en exaltación.

2. El que vino para sufrir regresará para reinar.

3. El que fue juzgado y condenado a muerte será el Juez Supremo ante quien los reyes, los gobernantes, y todos los moradores de la tierra inclinarán la rodilla.

¿Qué Significará La Venida De Cristo?

La venida de Cristo significará la resurrección de los muertos y el arrebatamiento de la iglesia.

Cristo Resucitará A Los Muertos

Uno de los eventos más gloriosos relacionados con la venida de Cristo será la resurrección de los muertos. Pablo nos asegura esto cuando dice: Porque el Señor mismo con voz de mando, con voz de arcángel, y con trompeta de Dios, descenderá del cielo; "Y los que murieron creyendo en Cristo resucitarán primero" (I Tesalonicenses 4:16). La voz de arcángel y el sonido de la trompeta no sólo anunciarán la venida de Cristo sino que penetrarán las sepulturas de los que duermen en el Señor y les resucitará para participar en la gran celebración. "Los que murieron creyendo en Cristo" se refiere a los que en vida tuvieron una relación con el Señor habiéndole recibido como su salvador. Por virtud de esta relación con Cristo ellos escucharán el llamado del Señor aun desde sus sepulturas. No todos los muertos resucitarán, sólo los que hayan creído en él como su salvador. La Biblia dice: "Dichosos de aquí en adelante los que mueren unidos al Señor" (Apocalipsis 14:13).

Cristo Llevará A Los Que Estén Vivos

Después de la resurrección de los muertos (en Cristo) los cristianos vivientes seremos llevados por Cristo al cielo. Pablo explica: "Después, los que estemos vivos seremos llevados, juntamente con ellos, en las nubes, para encontrarnos con el Señor en el aire; y así estaremos con el Señor para siempre" (I Tes. 4:17).

Tanto los cristianos resucitados como los vivientes seremos reunidos en las nubes para ser reunidos con Cristo. Las expresiones "en el aire" y "en las nubes" indican que los cristianos, tanto los vivientes como los resucitados, pasaremos de la esfera terrenal a la esfera celestial. Estar con Cristo es la meta suprema de todo cristiano. Debe traer gran gozo a nuestro corazón saber que este es el deseo ardiente de nuestro amado salvador. El dijo: "Padre, tú me los diste, y quiero que estén conmigo donde yo voy a estar, para que vean mi gloria, la gloria que me has dado; porque me has amado desde antes que el mundo fuera hecho" (Juan 17:24).

Pablo dice a los Tesalonicenses: "Anímense, pues, unos a otros con estas palabras" (I Tes. 4:18). Estas palabras han traído gran consuelo y esperanza a los cristianos en esos momentos de profundo dolor cuando han tenido que despedir a sus seres queridos en el cementerio. Tenemos la gloriosa esperanza que, ya sea que hayamos muerto o que estemos con vida, cuando Cristo regrese nos reuniremos con él y estaremos para siempre con él.

Debemos estar conscientes, no obstante, que estas promesas son para los que están en Cristo. Esto se refiere a los que han recibido a Cristo en sus corazones y están viviendo sus vidas de acuerdo a su voluntad. ¿Estamos preparados para el día cuando Cristo venga por nosotros?

Meditemos:

1. ¿Enseña la Biblia que Cristo va a regresar?

2. ¿Enseña la Biblia que todas las personas van a ir al cielo para estar con Cristo?

3. ¿O enseña que solo los que le han recibido como Salvador personal van a ir a cielo?

4. ¿Estamos preparados para su venida?

5. ¿Están preparados nuestros seres queridos para la venida de Cristo?

6. Si no están, ¿qué debemos hacer?

Verso Bíblico para Memorizar:

Por eso, ustedes también estén preparados; porque el Hijo del Hombre vendrá cuando menos lo esperan (Mateo 24:44).

Oración:

Nuestro Amante Padre Celestial, gracias por la seguridad que tenemos que tu Hijo Jesús va a regresar para recoger a todos los que le han recibido como Salvador y Señor. Ayúdame a estar preparado para ese día poniendo toda mi esperanza y mi confianza en Jesús mi Salvador y no en nadie más o en ninguna cosa que haya hecho para merecer tu salvación. Ayúdame a vivir la vida Cristiana y a compartirla con mis amigos y mis seres queridos para que ellos tengan el gozo de que irán al cielo para siempre. Gracias por escuchar mi oración, amén.

CAPÍTULO 20

EL PADRE AMOROSO

(San Lucas 15:11-32)

En las lecciones anteriores hemos estudiado los eventos más importantes en la vida de Jesús (su nacimiento, muerte, resurrección, ascensión y la promesa de su regreso). Estos constituyen el corazón del evangelio. El apóstol Pablo hace un resumen del evangelio cuando dice: "En primer lugar les he dado a conocer la enseñanza que yo recibí. Les he enseñado que Cristo murió por nuestros pecados, como dicen las Escrituras; que lo sepultaron y que resucitó al tercer día." (1 Corintios 15:3,4). Hay mucho que podemos aprender de estos eventos para nuestro beneficio espiritual. Además, hay mucho que podemos aprender de las enseñanzas de Jesús. En esta lección vamos a enfocar lo que Cristo enseñó acerca del amor de nuestro Padre que está en los cielos. Los fariseos criticaron a Jesús porque tomaba tiempo para hablar y comer con los publicanos y los pecadores. En Lucas 15:11-32 encontramos la parábola que Cristo contó para enseñarles que Dios es un Padre que ama a los pecadores. En esta parábola, el hijo menor representa a los pecadores.

Para comprender esta parábola mejor vamos a dividirla en tres escenas en la vida del hijo menor: Partida, Perdición y Perdón.

La Partida Del Hijo Pródigo

En los versículos 12 y 13 vemos que el hijo menor pidió a su padre la parte de la herencia que le correspondía y se fue lejos a una provincia apartada. Al leer estas palabras, vienen a nuestra mente varias preguntas:

¿Qué derecho tenía él de recibir ésta herencia?

De acuerdo con la ley judía de aquel tiempo, el hijo pródigo no tenía ningún derecho de recibir su herencia hasta que muriera su padre. Lo cierto es que al fallecer el padre, siempre se le daba la herencia al hijo mayor y luego a los demás. Esta actitud refleja la actitud que a veces tenemos hacia nuestro Padre celestial. Él nos da muchas bendiciones (vida, salud, familiares, empleo, inteligencia, etc.) y nosotros en vez de sentirnos agradecidos, nos creemos merecedores. San Pablo habla acerca de esto cuando dice: "Tú desprecias la inagotable bondad, tolerancia y paciencia de Dios, sin darte cuenta de que es precisamente su bondad la que te está llevando a convertirte a él." (Romanos 2:4). En otras palabras, todas las bendiciones de Dios deben convencernos de su amor hacia nosotros y guiarnos a acercarnos a él.

Meditemos:

1. ¿Cuáles bendiciones hemos recibido de Dios?

2. ¿Cuáles de estas bendiciones merecemos?

¿Cuál es la actitud del Padre?

La Biblia dice que el padre "les repartió los bienes." El padre no está feliz con la decisión del hijo de irse del hogar, pero no lo detiene. Lo va a extrañar mucho; va a sentir la separación; se va a preocupar mucho por él; pero no le estorba cuando se va. Así es nuestro Padre celestial. Él quiere que vivamos en comunión con él, que estemos cerca al él y que disfrutemos de sus bendiciones, pero él no nos obliga a amarlo. Eso no sería amor sino simplemente obligación.

Meditemos:

1. Dios no nos obliga a amarlo, él nos da libertad para amarlo o para que no lo amemos, ¿verdad?

2. ¿Cómo es nuestro Padre Celestial? ¿Está feliz cuando escogemos vivir lejos de él?

3. ¿Mostramos gratitud cuando escogemos vivir vidas que no toman a Dios en cuenta?

La Perdición Del Hijo Pródigo

Jesús dice que el hijo pródigo "se fue lejos a otro país, donde todo lo derrochó llevando una vida desenfrenada" (v.13). ¿Qué significa estar perdido? Es obvio que no significa que no sabía cómo regresar.

Meditemos:

1. En su opinión, ¿Qué significa estar perdido?

2. ¿Se refiere esta expresión sólo a los que se han "degradado"?

Estaba Perdido Porque Estaba Lejos de su Padre

Él estaba lejos de su padre en un sentido geográfico. Estaba en una provincia apartada. Pero lo más triste es que estaba lejos de su padre en un sentido espiritual. En otras palabras, él no tenía comunicación con su padre. No podía conversar con él; no podía contarle sus preocupaciones; no podía escuchar los consejos de su padre.

Hay personas que no creen que están perdidas porque no se han entregado a la perdición, no se han degenerado. Pero la Biblia enseña que las personas están perdidas cuando no tienen compañerismo con Dios. Tal vez saben que él existe y le piden favores cuando tienen necesidades pero no le han invitado que venga a sus corazones y que guíe sus vidas. En este sentido están perdidos porque no tienen un compañerismo continuo con Dios.

Meditemos:

1. ¿Cuáles son algunas de las maneras en las cuales podemos estar lejos de Dios?
   a. ¿Rebelión en contra de Dios? _____
   b. ¿Indiferencia hacia Dios? _____
   c. ¿Siguiendo nuestras propias ideas?_____
   d. ¿Simplemente no teniendo tiempo para Dios?_____
   c. ¿No sabiendo cómo acercarnos a Dios?_____

2. ¿Qué tan cerca estamos a Dios hoy?_____

Estaba Perdido Porque Desperdició Sus Recursos

Este pasaje también enseña que el hijo pródigo desperdició sus bienes. Tal vez compró ropa lujosa, adquirió una mansión y dio banquetes espléndidos para impresionar a sus amigos. Pero se le olvidó una cosa: todo lo que él era y lo que tenía lo había recibido como un regalo de su padre. La perdición consiste, pues, en tomar lo que su padre le había dado y utilizarlo en tal forma que no honraba a su padre sino que violaba sus mandatos y sus ideales.

En nuestro día la perdición consiste en tomar todo lo que Dios nos ha dado (vida, energías, inteligencia, habilidades, bendiciones, etc.) y utilizarlos no para honrar a nuestro Padre celestial sino para satisfacer nuestros propios deseos, para alcanzar nuestras propias metas y para impresionar a los que nos rodean. Vivimos perdidamente cuando tomamos todo lo que Dios nos ha dado y lo utilizamos en una manera envidiosa sin tomarle en cuenta, como si él no existiera.

Meditemos:

1. ¿Cómo estamos usando los recursos que Dios nos ha dado?
   a. Vida_____

   b. Energías_____

   c. Inteligencia_____

   d. Habilidades_____

   e. Bendiciones_____

Estaba Perdido Porque Se Degradó

Jesús dice que el hijo pródigo después de haber malgastado su herencia comenzó a cuidar puercos (vv.14, 15). Para un judío el cuidar puercos era el trabajo más humillante y más degradante posible. Tanta era su degeneración que llegó hasta el punto de desear comer la comida de los puercos (v.16).

Esto es lo que hace el pecado en las vidas de las personas. Dios nos creó para vivir en comunión con él, para desarrollar nuestras potencialidades, y para servir a la humanidad en su nombre. Pero las personas que viven lejos de Dios llegan a ser víctimas de sus propios deseos desordenados, de sus vicios y del estilo de vida de los que les rodean. Esto a veces les guía a hacer cosas que ellos nunca se imaginaron que harían. En otras palabras, sus vidas llegan a estar bajo el control de Satanás. Esto trae tristeza a sus vidas, a sus familiares que les aman y al corazón de Dios.

Meditemos:

A la vista de Dios, ¿tenemos pecado en nuestras vidas con relación a:

1. nuestros propios deseos?_____

2. nuestros hábitos?_____

3. nuestro estilo de vida?_____

4. nuestros planes para nuestra vida?_____

Si este fuera el fin sería la parábola más triste en la Biblia. Pero encontramos aquí otra escena.

El Perdón del Hijo Pródigo

El hijo pródigo alcanzó perdón por dos razones. Una fue lo que él hizo para acercarse a Dios. La otra parte fue lo que Dios hizo para recibirle. Veamos estas dos partes.

Lo Que Hizo el Hijo Pródigo

Jesús enseña que el hijo pródigo no permaneció en su condición degradada. Él hizo varias cosas que le guiaron a recibir el perdón de su padre.

El Hijo Pródigo Recapacitó

"Y volviendo en sí dijo: ¡Cuántos trabajadores en la casa de mi padre tienen comida de sobra, mientras yo aquí me muero de hambre!" (v.17). La expresión "volviendo en sí" es muy descriptiva. En otras palabras, él estaba fuera de sí, no estaba pensando en una forma razonable, no estaba en sus cinco sentidos. Él recapacitó, hizo un análisis de su vida y se dio cuenta de su situación.

Es un día muy significativo cuando las personas vuelven en sí, cuando examinan sus vidas a la luz de la Palabra de Dios y se dan cuenta que ésta no es la clase de vida que él quiere que vivan. Dios no quiere que vivan encadenados por sus pasiones, aprisionados por sus caprichos y empobrecidos por sus malas decisiones. Dios quiere darles una vida llena de bendiciones. Cristo dijo: "Yo he venido para que tengan vida y para que la tengan en abundancia" (Juan 10:10).

Meditemos. Será éste el momento en el cual nosotros recapacitamos y nos preguntamos:

1. ¿Es ésta la clase de vida que Dios quiere que viva o hay una vida mejor para mí?

2. ¿Va mi vida hacia la dirección correcta o siento que mi vida está fuera de control?

3. ¿Estoy trayendo alegría o tristeza a mis seres queridos con la clase de vida que estoy viviendo?

El Hijo Pródigo Se Arrepintió

"Regresaré a casa de mi padre, y le diré: Padre mío, he pecado contra Dios y contra ti; ya no merezco llamarme tu hijo; trátame como a uno de tus trabajadores." (vv. 18,19). El hijo pródigo reconoció su pecado y decidió pedir perdón a su padre. El arrepentimiento es necesario para el perdón. Esto significa que sentimos pesar por nuestro pecado, que estamos dispuestos a confesarlo y que hacemos una decisión de apartarnos de él. Este fue el mensaje de San Juan Bautista: "vuélvanse a Dios y acepten con fe sus buenas noticias." (Marcos 1:15).

Meditemos:

1. ¿Siento la carga de mis pecados?

2. ¿Estoy dispuesto a confesar mis pecados a Dios?

3. ¿Estoy dispuesto a separarme de mis pecados?

El Hijo Pródigo Regresó Al Padre

"Así que se puso en camino" (v.20). El hijo pródigo no sólo recapacitó, no sólo se arrepintió, sino que regresó a su padre. Se levantó del chiquero de puercos y se dirigió hacia su padre. Esto significa que estaba dispuesto a abandonar su estilo de vida, a dejar atrás a sus supuestos amigos (que sólo le habían llevado a la perdición) y a comenzar a vivir la clase de vida que honrara a su padre.

Hay muchas personas que sienten remordimiento por los pecados que han cometido, que sienten culpa por la clase de vida que están viviendo, o que, por lo menos, sienten inquietud porque saben que sus vidas no están honrando a Dios. Pero allí se quedan, no se acercan a Dios. El hijo pródigo no hubiera recibido el perdón si no hubiese regresado a su padre.

Meditemos:

1. ¿Estoy dispuesto a regresar a mi Padre Celestial?
2. ¿Estoy dispuesto a recibir su amor y su perdón?
3. ¿Estoy dispuesto a vivir cerca de Él?

Lo Que Hizo El Padre

"Así que se puso en camino y regresó a la casa de su padre. Cuando todavía estaba lejos, su padre lo vio y sintió compasión de él. Corrió a su encuentro y lo recibió con abrazos y besos." (v.20)

El Padre Recibió a Su Hijo

Este versículo nos dice varias cosas muy importantes acerca del padre.

En primer lugar, él estaba esperando a su hijo. Cada día salía para ver hacia el horizonte deseando que su hijo regresara. Esto refleja la actitud de nuestro Padre celestial. San Pedro nos dice que Dios aguarda con paciencia no queriendo que ninguno se muera sino que todos conozcan a Dios. (2 Pedro 3:9).

En segundo lugar, el padre fue movido a misericordia. Cuando vio a su hijo, en vez de sentir rencor o ira por lo que él había hecho, el padre sintió compasión. Esto también nos revela el carácter de nuestro Padre celestial. Su Palabra dice: "El Señor es tierno y compasivo; es paciente y todo amor." (Salmo 103:8). La Palabra de Dios nos dice que Jesús en muchas ocasiones fue movido a misericordia al ver las multitudes que estaban como ovejas sin pastor (Marcos 6:34). Podemos tener la seguridad que si nos acercamos a Dios, con corazones arrepentidos Él tendrá misericordia de nosotros y nos perdonará no importa cuál haya sido nuestro pecado.

En tercer lugar, el padre besó a su hijo. Esto nos habla claramente del amor que tenía hacia su hijo. Jesús habla del amor de Dios cuando dice: "Pues Dios amó tanto al mundo, que dio a su hijo único para que todo aquel que cree en él no muera, sino que tenga vida eterna" (Juan 3:16).

Meditemos:

1. ¿Qué concepto tengo yo de nuestro Padre Celestial?

2. ¿Un Dios vengativo o un Dios perdonador?

3. ¿Qué significa para mí saber que Dios está esperando que yo me acerque a El?

4. ¿Qué significa para mí saber que Dios está listo para mostrarme su amor?

El Padre Restauró A Su Hijo

El hijo pródigo se hubiera contentado con ser un criado en la casa de su padre (v.19) pero el padre le restauró como hijo.

"Pero el padre ordenó a sus criados: Saquen pronto la mejor ropa y vístanlo; pónganle también un anillo en el dedo y sandalias en los pies. Traigan el becerro más gordo, y mátenlo. ¡Vamos a comer y a hacer fiesta! Porque este hijo mío estaba muerto y ha vuelto a vivir; se había perdido y lo hemos encontrado. Y comenzaron a hacer fiesta." (vv. 22-24).

El vestido, el anillo y el calzado, todos estos eran seña de que él sería un hijo con todos los privilegios en la casa de su padre. Jesús expresa esta misma idea cuando dice: "Pero a quienes lo recibieron y creyeron en él, les concedió el privilegio de llegar a ser hijos de Dios" (Juan 1:12).

Meditemos:

1. En vista de esta manifestación tan clara del amor de Dios hacia nosotros, la pregunta que debemos contestar es: "¿Hemos recibido a Cristo como nuestro salvador personal?"

Verso Bíblico Para Memorizar:

"Pero a quienes lo recibieron y creyeron en él, les concedió el privilegio de llegar a ser hijos de Dios (Juan 1:12).

Oración

Querido Padre Celestial, como el hijo pródigo, yo reconozco que me he apartado de ti, he desobedecido tus mandamientos, y he quebrantado tu corazón. Me arrepiento de mis pecados y pido que me perdones y que me aceptes como tu hijo. Gracias por amarme tanto y por escuchar mi ruego, amén.

CAPÍTULO 21

ENSEÑANZAS DE JESÚS:

EL NUEVO NACIMIENTO

(San Juan 3:1-16)

Además de dar enseñanzas divinas acerca del amor de Dios, Jesús enseñó acerca del cambio que este amor puede producir en las vidas de las personas. En San Juan capítulo 3 encontramos lo que Jesús enseñó a un hombre llamado Nicodemo acerca de este tema. Al leer este capítulo nos damos cuenta que Nicodemo era una persona muy destacada.

Primero, Nicodemo era muy inteligente. Él le dijo a Jesús: "Maestro, sabemos que Dios te ha enviado a enseñarnos, porque nadie podría hacer los milagros que tú haces, si Dios no estuviera con él" (v. 2). Aunque otros de los fariseos no querían aceptar el hecho de que Jesús era el hijo de Dios, Nicodemo consideró cuidadosamente los milagros de Jesús y llegó a la conclusión que Jesús había venido de Dios.

Segundo, Nicodemo era muy religioso. El era líder, "un hombre importante entre los judíos" (v.1). El pertenecía al sanedrín o sea, la corte suprema de los judíos. El sanedrín tenía autoridad sobre los asuntos religiosos sobre todos los judíos en todo el mundo.

Tercero, Nicodemo era un hombre muy cuidadoso. El "fue de noche a visitar a Jesús" (v.2). Siendo que Jesús estaba tan ocupado durante el día, Nicodemo vino a una hora cuando podía hablar con Jesús a solas y considerar con mucho cuidado lo que él tenía que decir acerca del reino de Dios.

Cuarto, Nicodemo era rico. En Juan 19:39 leemos que Nicodemo trajo como cien libras de un compuesto de mirra y áloes para preparar el cuerpo de Jesús para la sepultura. Sólo una persona rica podía comprar esa cantidad tan grande de mirra y áloes.

Una de las cosas más sorprendentes de la conversación de Jesús con Nicodemo es que le dijo que tenía que nacer de nuevo (Juan 3:3). Sería más fácil comprender si Jesús hubiera dicho esto a una persona degenerada y perversa. Pero Nicodemo era inteligente, religioso, cuidadoso y aparentemente bendecido con riquezas materiales.

Meditemos:

1. ¿Puede una persona ser inteligente, religiosa, y rica y aun así tener un vacío en su vida?

2. Lo que nos sorprende es que Nicodemo era religioso pero aun así estaba buscando algo que llenara el vacío en su alma. ¿Hay una diferencia entre simplemente seguir prácticas religiosas y tener una relación personal con Cristo?

3. ¿Que le enseñó Cristo acerca del nuevo nacimiento y que significa esto para nuestras vidas?

Jesús Enseñó Que El Nuevo Nacimiento Es Necesario

A pesar de ser muy religioso Nicodemo tenía que comprender lo que es el nuevo nacimiento.

**Es más que tener un concepto
elevado acerca de Jesús**

Nicodemo sabía que Jesús era un maestro pero esto no era suficiente. Nicodemo tenía que aceptarlo como su Salvador personal. San Juan dice: "Pero a quienes lo recibieron y creyeron en él, les concedió el privilegio de llegar a ser hijos de Dios." (1:12). Nicodemo creía en los milagros que Jesús había hecho, pero él tenía que experimentar el milagro de milagros: el cambio completo que Cristo puede hacer en las vidas de las personas. Nicodemo había visto una de las señales del reino de Dios, pero no podía ver el reino completo ni entrar en él sin ese cambio tan radical en su vida. La única forma de describirlo es compararlo con una persona que nace de nuevo. No es suficiente, pues, saber que Jesús es un maestro, que él puede hacer milagros y ver la evidencia del reino de Dios en su ministerio. Tiene que haber una entrega completa de nuestras vidas a Jesús para que él produzca un cambio tan grande y tan glorioso que tenemos que llamarlo un nuevo nacimiento.

Meditemos:

1. ¿Ha habido un momento cuando yo he invitado a Cristo a mi corazón?

2. ¿Ha cambiado Cristo mi vida en tal forma que soy una nueva persona?

**Es más que un cambio que una persona
hace en su vida**

La palabra que Jesús utiliza para explicar el nuevo nacimiento indica que esto no es algo que la persona puede hacer por sí misma. Nacer de nuevo es nacer de arriba. Estudiemos el significado de esto más de cerca. Primero, nacer de arriba significa que esto es algo que sólo Dios puede hacer. Este no es un nacimiento natural sino sobrenatural. Sólo Dios puede cambiar la vida de una persona a tal grado que ella sea verdaderamente una persona nueva. Cuando Cristo murió, él hizo por nosotros lo que no podíamos hacer por nosotros mismos. A través de las edades el hombre ha tratado de reformar su vida, sólo para concluir que su esfuerzo es inútil. Cuando invitamos a Cristo, él entra en nuestras vidas, nos limpia de nuestros pecados y cambia nuestras actitudes, nuestros pensamientos, nuestros impulsos y nuestros deseos. San Pablo explica esto cuando dice: "Por lo tanto, el que está unido a Cristo es una nueva persona. Las cosas viejas pasaron; lo que ahora hay, es nuevo." (2 Corintios 5:17). El nuevo nacimiento es algo que sólo Dios puede hacer.

Meditemos:

1. ¿He tratado de cambiar mi vida con mi propio esfuerzo?

2. ¿Cuál ha sido el resultado?

3. ¿Estoy dispuesto a reconocer que sólo Dios puede cambiar mi vida radicalmente?

Jesús Enseñó Que El Nuevo Nacimiento Es Espiritual

Al principio Nicodemo no comprendió lo que Jesús quería decir. El preguntó: "¿Y cómo puede uno nacer cuando ya es viejo? ¿Acaso podrá entrar otra vez dentro de su madre, para volver a nacer?"(v. 4)

Un Nacimiento Del Espíritu

Jesús le explicó a Nicodemo que éste no era un nacimiento físico. El le dijo: "Te aseguro que el que no nace de agua y del Espíritu, no puede entrar en el reino de Dios" (v.5). Nicodemo estaba pensando en términos físicos, pero Jesús le hizo ver que él estaba hablando en términos espirituales. "Lo que nace de padres humanos, es humano; lo que nace del Espíritu, es espíritu" (v.6). Físicamente Nicodemo podría haber nacido cien veces y a resumidas cuentas sería la misma persona, pues, en cada caso, él tendría las mismas tendencias hacia el pecado y la maldad. Nicodemo necesitaba un cambio en su espíritu, su verdadera personalidad. En otras palabras, el espíritu de Nicodemo tenía que cambiar en una forma tan grande que sería como una persona que recién había nacido- inocente, pura, limpia, libre de la esclavitud y la mancha del pecado.

Meditemos:

1. Muchos de los cambios que experimentamos son superficiales, externos, y temporales. ¿Estamos dispuestos a mencionar algunos de estos cambios?

2. El cambio espiritual del cual habla Cristo es interno y duradero. ¿Estamos dispuestos a permitir que Cristo renueve nuestra alma, nuestra mente, y nuestra personalidad?

3. Esto es lo que significa "ser nacido del espíritu." ¿Ha nacido usted del espíritu?

Un Nacimiento Por El Espíritu

Sin duda que Nicodemo, quien estaba dependiendo de su capacidad de guardar todas las leyes de la religión judía, se sentía incapaz de cambiar su vida por completo para agradar a Dios. Jesús le hace ver que este nacimiento acontece no por fuerza de voluntad del individuo sino por la obra del Espíritu Santo. Jesús le explica: "El viento sopla por donde quiere, y aunque oyes su ruido, no sabes de dónde viene ni a dónde va. Así son también los que nacen del Espíritu" (v.8). En otras palabras, no podemos ver el viento pero si podemos sentir su efecto. Ninguna persona que ha visto un tornado, un huracán o simplemente un viento fuerte puede negar la existencia del viento. Aunque no lo vemos, podemos ver su efecto. Así es la obra del Espíritu Santo en nuestros corazones. No podemos verlo pero sí podemos sentir su efecto derribando las barreras que nos separan de Dios, quebrando las cadenas que nos esclavizan, barriendo el pecado que mancha nuestras vidas y dándonos ese soplo divino de la presencia de Dios en nuestros corazones.

Meditemos:

1. El Espíritu de Dios tiene poder para perdonarnos de todos nuestros pecados y cambiar nuestra vida completamente. ¿Cree usted que Dios puede hacer esto en su vida?

2. ¿Estamos dispuestos a poner nuestra fe en Jesucristo para que él cambie nuestra vida a través de su Espíritu?

Jesús Enseñó Que El Nuevo Nacimiento Sería Hecho Posible Por Su Muerte En La Cruz

Aun después de que Jesús le explicó la naturaleza del nuevo nacimiento, Nicodemo no comprendía cómo podía ser posible este cambio tan radical. Para ayudarle a comprender esto, Jesús utilizó algo que Nicodemo comprendía. El le dijo: "Y así como Moisés levantó la serpiente en el desierto, así también el Hijo del Hombre tiene que ser levantado, para que todo el que cree en él tenga vida eterna." (v.14).

El Ejemplo De La Serpiente En El Desierto

Nicodemo sabía que cuando el pueblo de Israel se había rebelado y estaba muriendo como resultado de la mordedura de serpientes, Dios le había mandado a Moisés que hiciera una serpiente de bronce y que la levantara para que todos los que pusieran su fe en Él y aceptaran Su provisión, fueran salvados de la muerte segura (Números 21:9). El pueblo judío tenía que comprender que sólo su fe en lo que Dios había hecho por ellos podía salvarlos de la muerte.

La Eficacia De La Cruz Del Calvario

Con este ejemplo de la historia del pueblo judío Jesús le explicó a Nicodemo que él iba a ser levantado en una cruz para que todos lo que con fe aceptaran Su sacrificio fueran salvados de sus pecados y de la muerte eterna. San Pablo explica esto cuando dice: "Pero Dios prueba que nos ama, en que cuando todavía éramos pecadores, Cristo murió por nosotros". (Romanos 5:8) Él agrega:

> "Ustedes antes eran extranjeros y enemigos de Dios en sus corazones, por las cosas malas que hacían, pero ahora Dios los ha puesto en paz con él, mediante la muerte que Cristo sufrió en su cuerpo humano". Colosenses 1:21,22).

Es muy importante que reconozcamos que el nuevo nacimiento no es algo que nosotros podemos alcanzar por medio de esfuerzos humanos sino solamente por lo que Cristo hizo al morir por nosotros en la cruz.

Meditemos:

1. El pueblo Judío cuando estaba en el desierto vio el remedio (la serpiente de bronce) que Dios proveyó y recibió su sanidad. Los que no creyeron en este remedio, murieron en su incredulidad y rebelión.

2. La muerte de Jesús en la cruz es el remedio que Dios ha provisto para nuestra salvación. Si creemos en él como nuestro Salvador, recibiremos el remedio de Dios.

3. Si rehusamos creer en Cristo como nuestro Salvador, ¿encontraremos otro remedio? Lea Juan 3:18

Jesús enseñó que el nuevo nacimiento es necesario para entrar al cielo.

La Necesidad de Nuevo Nacimiento

Lo Esencial Del Nuevo Nacimiento

Aunque Nicodemo comprendía mucho acerca de las leyes religiosas de los judíos y se esforzaba por guardarlas, él no tenía la más mínima idea de la importancia del nuevo nacimiento. Jesús le hizo ver que el nuevo nacimiento era absolutamente necesario para entrar en el cielo. Jesús le dijo: "Te aseguro que el que no nace de nuevo, no puede ver el reino de Dios" (v.3). Luego repitió: "Te aseguro que el que no nace de agua y del Espíritu, no puede entrar en el reino de Dios" (v.5). Es muy importante que entendamos que Jesús no está diciendo que necesitamos tener cierta cantidad de conocimiento, que tenemos que asistir a la iglesia cierta cantidad de veces, de hacer obras de caridad o de dar cierta cantidad de dinero para entrar en el reino de Dios. Aunque todas estas cosas son buenas y pueden ser evidencia de lo que ya está en nuestro corazón, Jesús dijo: "el que no nace de nuevo no puede entrar en el reino de Dios."

Meditemos:

1. ¿Qué es lo que Cristo dice que es necesario para entrar al cielo?
   a. ¿Tener cierta cantidad de conocimiento?
   b. ¿Asistir a la iglesia cierta cantidad de veces?
   c. ¿Hacer obras de caridad?
   d. ¿Dar cierta cantidad de dinero?
   e. ¿Nacer de nuevo?
   d. A la luz de esto, es muy importante que nos preguntemos, ¿he nacido de nuevo?

La Forma En Que Se Recibe El Nuevo Nacimiento

Si el nuevo nacimiento es necesario para que entremos al cielo, debemos preguntarnos, ¿Qué necesito hacer para experimentar el nuevo nacimiento? Jesús contestó esta pregunta cuando dijo a Nicodemo: "Pues Dios amó tanto al mundo, que dio a su Hijo único, para que todo aquel que cree en él no muera, sino que tenga vida eterna" (3:16). Está bien claro que lo que necesitamos es creer en Cristo como nuestro Salvador. Pero creer en él significa más que simplemente saber que él existe, que él es el Hijo de Dios o que él murió en la cruz.

Meditemos:

Creer en él significa que ponemos muestra confianza en él en tal forma que le invitamos a nuestro corazón para:

1. Lavarnos de nuestros pecados,

2. Quitar todo sentimiento de culpa,

3. Cambiar la dirección de nuestra vida,

4. Purificar nuestros deseos, ambiciones y pasiones

5. Darnos un nuevo propósito, una nueva esperanza y una seguridad profunda de que cuando muramos iremos a estar con él.

Repasemos esta lista y marquemos las características que están presentes en nuestra vida:

1. Yo he creído en Jesucristo

    a. Que Él es el Hijo de Dios.
    b. Que Él murió en la cruz por mis pecados.
    c. Que Él resucitó de entre los muertos.

2. Yo he puesto toda mi confianza en Cristo

    a. Yo le he recibido como mi Salvador

El cambio que Cristo hace en nuestras vidas es tan maravilloso, tan completo y tan glorioso que la única forma en que lo podemos describir es decir que hemos nacido de nuevo.

Verso Bíblico para Memorizar:

Jesús le dijo: Te aseguro que el que no nace de nuevo, no puede ver el reino de Dios (Juan 3:3)

Oración:

Amado Jesús, Gracias por venir al mundo para dar tu vida para que nosotros podamos tener una vida nueva en ti. Yo pongo toda mi confianza en ti como mi Salvador y te ruego que permitas que yo pueda experimentar el nuevo nacimiento que es posible mediante la fe en ti. Gracias por escuchar mi oración, amén.

CAPÍTULO 22

LA RELACIÓN CORRECTA CON DIOS

(San Juan 4:1-26)

Durante su ministerio Jesús no sólo dio enseñanzas acerca del amor de Dios y del nuevo nacimiento sino que habló acerca de lo que es la verdadera adoración. Una de las personas con las cuales Cristo habló acerca de la adoración verdadera fue la mujer de Samaria (Juan 4:4-26). Ella vino a sacar agua del pozo que había cavado Jacob, uno de los patriarcas del pueblo judío. Jesús, quien estaba cansado del camino, le dijo: "Dame un poco de agua". (v.7) Esto sorprendió mucho a la mujer de Samaria porque los judíos no tenían trato con los samaritanos (v.9). Con sus acciones Jesús le mostró que el amor de Dios se extiende hacia todas las personas y con sus palabras le enseñó lo que es la adoración que no honra a Dios y la adoración que sí honra a Dios.

La Adoración Que Dios No Desea

Los samaritanos eran una mezcla de judío y gentil. Cuando la gente de Israel fue llevada cautiva a Babilonia, quedó un número pequeño de judíos en Israel. "El rey de Asiria llevó gente de Babilonia, Cuta, Ava, Habat y Sefarvaim, y la estableció en las ciudades de Samaria, en lugar de los israelitas. Así tomaron posesión de Samaria y vivieron en sus ciudades" (2 Reyes 17:24). En el transcurso del tiempo, los judíos que quedaron en Samaria se mezclaron en matrimonio con los gentiles que habían venido de las diferentes naciones. Los judíos, al casarse con personas que no eran judías no sólo mezclaron sus culturas sino sus religiones. Esto era evidente en la adoración de los samaritanos.

La Biblia explica: "Pero cada nación se hizo su propio dios en la ciudad donde habitaba, y lo puso en los santuarios de los lugares altos que habían construido los Samaritanos" (2 Reyes 17:29). Los samaritanos, pues, practicaban una mezcla de judaísmo y paganismo en su adoración. Por esa razón, Cristo le explica a la mujer samaritana lo que es la adoración que no honra a Dios.

Dios No Desea La Adoración Selectiva

La adoración que no honra a Dios escoge sólo lo que desea acerca de Dios y no da atención a las otras cosas importantes que él ha revelado en su Palabra. Por ejemplo, los samaritanos decidieron aceptar sólo los primeros cinco libros de la Biblia. Aunque estos cinco libros (Génesis, Éxodo, Levítico, Números y Deuteronomio) son muy valiosos, no representan la revelación completa de Dios. Al dejar fuera los demás libros del Antiguo Testamento, los samaritanos dejaron fuera muchas cosas que Dios quería que ellos supieran para que le rindieran la adoración que le honra. En los otros libros del Antiguo Testamento, por ejemplo, Dios revela mucho acerca de su carácter; su amor, su providencia, su paciencia, su justicia y su promesa de enviar a su Hijo Jesucristo. Estos libros también contienen enseñanzas muy importantes acerca de la verdadera adoración en contraste con la adoración de los dioses paganos.

El que practica la adoración selectiva no agrada a Dios porque no toma en cuenta su revelación completa sino que escoge sólo lo que le conviene y lo que desea creer. Hay personas que sólo usan las porciones de la Biblia que les agradan sin dar atención a las porciones que hablan acerca de la forma en que Dios debe ser adorado y de la forma de vida que deben de vivir las personas que adoran a Dios. Por ejemplo, hay personas que en su adoración sólo se concentran en el anuncio del nacimiento de Jesús. Aunque ésta es una parte muy importante en la Palabra de Dios, hay mucho más de la vida de Jesús que se debe tomar en cuenta. Hay otras personas que en su adoración sólo enfocan su atención en la muerte de Jesús. Este también es un aspecto muy importante del evangelio, pues sin él, no habría salvación para la humanidad. Pero, al enfocar toda nuestra devoción sólo en el Cristo crucificado estamos dejando fuera una parte muy importante de su misión. La Biblia nos enseña que Cristo no permaneció en la cruz. Él resucitó, ascendió al cielo, se sentó a la diestra de Dios (donde intercede por nosotros) y, por medio de su Espíritu, vive en nuestros corazones si lo hemos aceptado como salvador. La adoración que enfoca sólo en unos aspectos de la vida de Jesús pero deja otros fuera, no agrada a Dios. El quiere que recibamos todas las bendiciones que él desea darnos por medio de su hijo Jesús.

Meditemos:

1. ¿Estamos practicando adoración selectiva cuando nos concentramos sólo en:
    a. el anuncio del nacimiento de Jesús en tal forma que nuestro enfoque está en el mensajero y no en el mensaje acerca del Salvador del mundo?
    b. el nacimiento de Jesús en tal forma que pensamos en él solo como un bebé?
    c. en el Cristo crucificado sin pensar en el Cristo resucitado?
    e. en el Cristo sepultado en tal forma que no pensamos en el Cristo que resucitó, ascendió al cielo, y está a la diestra de Dios intercediendo por nosotros?

2. La adoración que agrada a Dios toma en cuenta el evangelio

completo del anuncio del nacimiento, el nacimiento, las enseñanzas, la muerte, la resurrección, la ascensión, y la segunda venida de Cristo.

Dios No Desea La Adoración Basada En Ignorancia

Jesús le dijo a la mujer samaritana: "Ustedes no saben a quién adoran". (Juan 4:22) Ella había preguntado dónde debía adorar, en el monte de Jerusalén o en el monte de Samaria (Gerizim). A primera vista parece que un lugar es tan bueno como el otro. Lo cierto es que los que adoraban en Gerizim no tenían un concepto claro de la naturaleza de Dios y las instrucciones que él había dado de cómo debía ser adorado. Ellos sólo estaban siguiendo la tradición de sus padres quienes habían decidido adorar en su propio monte por razones políticas. El rey del reino del norte (donde estaba Samaria) había edificado sus propios altares en Gerizim para que la gente no fuera al reino del sur (donde estaba Jerusalén) a adorar. La palabra de Dios dice:

> "Sin embargo, esas naciones no hicieron caso, sino que siguieron con sus prácticas anteriores; y, a la vez que rendían culto al Señor, también seguían adorando a sus ídolos. Y sus descendientes hicieron lo mismo que sus antepasados, y hasta el día de hoy lo hacen así". (2 Reyes 17:40-41)

Lo que Jesús le está diciendo a la mujer samaritana es que ella no conoce realmente a Dios sino que simplemente está siguiendo las tradiciones de sus antepasados al adorar en ese monte. La adoración basada en ignorancia no agrada a Dios porque no toma en cuenta lo que él ha revelado acerca de su carácter.

Meditemos:

1. Es bueno tener respeto y mostrar gratitud hacia nuestros antepasados, pero ¿acaso no desea Dios que estudiemos Su Santa Palabra por nosotros mismos para que sepamos cómo adorarle?

2. ¿Qué significa la expresión que debemos adorar a Dios "en espíritu y en verdad?"

    a. "En Espíritu" es con un corazón abierto y sincero. ¿Le estoy adorando de esta manera?

    b. "En verdad" es con el conocimiento de la Palabra de Dios. ¿Estoy haciendo un esfuerzo para estudiar y obedecer la Biblia?

Dios No Desea La Adoración Sincrética (Mezclada)

La adoración que se había establecido en Gerizim era una mezcla de judaísmo y paganismo. La Biblia explica que ellos: "Aunque rendían culto al Señor, seguían adorando a sus propios dioses, según la costumbre de las naciones de donde habían sido desterrados" (2 Reyes 17:33). Ellos habían adoptado toda clase de prácticas paganas en su adoración. No dejaron de adorar a Dios sino que simplemente agregaron creencias y prácticas (tales como quemar a sus hijos en sacrificios). En este pasaje y en muchos otros nos damos cuenta que esto no agrada a Dios. Los versículos 35 y 36 dejan esto bien claro cuando dicen:

> "No rindan culto a otros dioses, ni los adoren, ni les sirvan ofreciéndoles sacrificios. Ríndanme culto a mí, el Señor, su Dios, que los sacó de Egipto con gran despliegue de poder.

Sólo a mí deben rendirme culto, y adorarme y ofrecerme sacrificios.

Meditemos:

1. Algunas personas fueron buenos ejemplos para la humanidad, pero ¿debemos adorarlos?

2. A la luz de este pasaje de la Biblia, ¿quién es el que merece toda nuestra adoración?

Dios No Desea La Adoración Supersticiosa

El pasaje de 2 Reyes 17:16,17 describe la adoración de los samaritanos:

> "Dejaron todos los mandamientos del Señor su Dios, y se hicieron dos becerros de bronce fundido y una representación de Asera, y además adoraron a todos los astros del cielo y a Baal. También hicieron quemar a sus hijos e hijas, practicaron la adivinación y los augurios, y se entregaron a hacer lo malo a los ojos del Señor, provocando así su ira".

Como podemos ver, esta adoración incluía adivinaciones, brujería, astrología y sacrificios humanos. Hay una diferencia muy grande entre la adoración basada en la superstición y la adoración verdadera. La adoración verdadera busca y se somete a la voluntad de Dios. Cristo nos dio el ejemplo cuando oró antes de morir en la cruz: "Que no se haga mi voluntad sino la tuya." Él nos enseñó a orar: "Hágase tu voluntad en la tierra, así como se hace en el cielo". La adoración basada en la superstición trata de forzar a Dios (o a los espíritus) a hacer la voluntad de la persona que está pidiendo. Por medio de fórmulas, ritos, ceremonias o cánticos la persona trata de conseguir lo que quiere, sea esto algo bueno o malo. Cuando los samaritanos practicaron estos tipos de brujería, adivinaciones, astrología y sacrificios ellos hicieron "lo malo a los ojos del Señor provocando así su ira" (v.17). Dios se enojó tanto con ellos que los quitó de su presencia (v.18). La actitud de Dios es la misma hoy hacia los que practican la brujería, la santería y las otras formas de adoración supersticiosa. Ellos serán juzgados por Dios.

Meditemos:

1. ¿Puede ser nuestra adoración una mezcla de cristianismo y paganismo?

2. Así como los Samaritanos que "temían a Dios" y a la misma vez servían a los ídolos, ¿estamos mezclando nuestra adoración?

3. ¿Estamos verdaderamente basando nuestra adoración en lo que nos enseña la Palabra de Dios?

4. ¿Está complacido Dios si consultamos a los curanderos, adivinadores, astrólogos, y brujos?

Lo Adoración Que Dios Sí Desea

La Adoración Que Procede De Una Relación Correcta Con Dios

Al hablar con la mujer samaritana, Jesús le explicó que la adoración que Dios desea es una que procede de una relación correcta con Dios. Cristo le dijo: "Si supieras lo que Dios da y quién es el que te está pidiendo agua, tú le pedirías a él, y él te daría agua viva" (Juan 4:10). "Lo que Dios da" se refiere al regalo que Dios ha dado a la humanidad. Cristo le explicó a Nicodemo:

"Pues Dios amó tanto al mundo, que dio a su Hijo único, para que todo aquel que cree en él no muera, sino que tenga vida eterna" (Juan 3:16). Si recibimos este regalo de Dios, tenemos la salvación (la vida eterna).

En su conversación con la mujer samaritana, Cristo compara la salvación con el agua viva. El le dice: "Pero el que beba del agua que yo le daré, nunca volverá a tener sed. Porque el agua que yo le daré brotará en él como un manantial de vida eterna" (v.14). Cristo no estaba hablando del agua física sino de su presencia espiritual en los corazones de los que le reciben. En otras palabras, la presencia de Cristo en el corazón satisface nuestra sed espiritual. San Agustín dijo: "Tu nos has creado y nuestros corazones están inquietos hasta que encuentran descanso en ti." La presencia de Cristo satisface tanto que no necesitamos nada más para saciar nuestra sed del alma. Su presencia produce tanta alegría que es como una fuente que está rebosando y no se agota. Esta es la salvación que Cristo da a los que le reciben y les asegura de la vida eterna con él en el cielo.

Para recibir esta salvación, la persona necesita creer en Cristo como su Salvador personal. A la mujer samaritana le tomó tiempo para darse cuenta quién era Jesús y para poner su confianza en él. Al leer el pasaje completo vemos que ella se refirió a él como:

1. Un "judío" (un extraño, v.9);

2. Luego como un "señor" (una persona respetada, v.11);

3. Luego como un "profeta" (un hombre religioso enviado por Dios, v.19);

4. Finalmente ella reconoce que Jesús es el "Mesías" (el salvador del mundo v. 25).

Es muy importante que nos preguntemos: ¿Quién es Jesús para nosotros? Para que podamos tener la salvación y adorar a Dios como él desea, es necesario que recibamos a Cristo como nuestro Mesías, nuestro salvador personal.

Meditemos: ¿Qué concepto tengo de Jesucristo?

1. ¿Es un extraño a quien no conozco?
2. ¿Es un hombre bueno a quien yo respeto?
3. ¿Es un mensajero de Dios?
4. ¿Es mi Salvador personal a quien yo he invitado a mi corazón?

La Adoración Que Es Ofrecida En Una Forma Espiritual

La mujer le estaba preguntando a Cristo dónde debía adorar ella. Cristo le contestó que lo importante no era dónde sino cómo.

> "Jesús le contestó: Créeme, mujer, que llega la hora en que ustedes adorarán al Padre sin tener que venir a este monte ni ir a Jerusalén. Pero llega la hora, y es ahora mismo, cuando los que de veras adoran al Padre lo harán de un modo verdadero, conforme al Espíritu de Dios. Pues el Padre quiere que así lo hagan los que lo adoran. Dios es Espíritu, y los que lo adoran deben hacerlo de un modo verdadero, conforme al Espíritu de Dios" (vv. 21,23,24).

La expresión "Dios es Espíritu" significa que no se le puede capturar en un lugar o en un objeto físico. Lo que le ofrecemos en adoración no deben ser cosas materiales sino regalos espirituales tales como amor, lealtad, obediencia y devoción. El Dios espiritual requiere adoración espiritual.

Meditemos:

1. Puesto que Dios desea adoración espiritual, ¿debemos enfocar nuestra atención en objetos materiales o en Dios mismo?

2. Si Cristo no está en nuestro corazón, ¿podemos adorar a Dios en espíritu y en verdad?

3. ¿Ha traído satisfacción la presencia de Cristo a mi corazón?

4. La adoración que Dios desea, pues, no es selectiva, ignorante, sincrética y supersticiosa sino una que procede de una relación correcta con él y es ofrecida en una forma espiritual. ¿Estamos adorando así a Dios?

Verso Bíblico para Memorizar:

Dios es Espíritu, y los que lo adoran deben hacerlo de un modo verdadero, conforme al Espíritu de Dios (San Juan 4:24).

Oración:

Amado Jesús, gracias por enseñarnos cómo adorar. Ayúdame para saber cómo adorar en espíritu y en verdad, amén.

CAPÍTULO 23

EL DESTINO FINAL

(San Lucas 16:19-31)

Una de las enseñanzas más importantes de Jesús tiene que ver con el destino final de las personas. Para ilustrar lo que él quería que las personas comprendieran, Jesús contó la parábola del rico y Lázaro (Lucas 16:19-31). Por un momento en esta parábola se abre el telón de la eternidad y podemos ver lo que acontece después de la muerte. Algunos al leer esta parábola se alegran al saber que Lázaro, quien padeció dolor, enfermedad, soledad y hambre en vida, por fin sabe lo que es estar en la presencia de Dios donde no hay mas lágrimas ni cargas. Por el otro lado, algunos se alegran al saber que el rico, quien estaba rodeado de lujo, fama y comodidad en vida, al fin sabe lo que es tener sed y padecer angustia. Pero el propósito de esta parábola no es enseñar que los ricos se condenan y los pobres se salvan. Hay verdades muy profundas y valiosas en esta parábola de nuestro Señor Jesucristo.

Hay Vida Después De La Muerte

Por medio de esta parábola Jesús enseñó que la vida del ser humano no se termina cuando muere.

Lázaro Murió Y Fue Llevado Por Los Ángeles Al Cielo

Jesús dice claramente que el espíritu de Lázaro continuó viviendo cuando él murió físicamente (v.22).

La expresión "a estar con Abraham" significa el lado de Abraham. Los judíos usaban esta expresión para significar el cielo, el lugar de bendición. Estar al lado de Abraham significa que Lázaro fue recibido calurosamente (abrazado) por el padre del pueblo de Dios. Al terminar su existencia aquí sobre la tierra, el espíritu de Lázaro fue llevado por los ángeles al cielo.

Meditemos:

1. ¿Qué evidencia tenemos en esta parábola que la Palabra de Dios enseña que hay vida después de la muerte?

2. ¿Qué evidencia tenemos en esta parábola que la Palabra de Dios enseña que el alma, el centro de nuestra personalidad, continúa viviendo después de la muerte física?

3. ¿A dónde dice la Biblia que el espíritu de Lázaro fue llevado?

El Rico Murió Y Se Encontró En El Lugar De Tormento

El versículo 22 dice: "El rico también murió y fue enterrado." Sin duda que este fue uno de los funerales más importantes y más lujosos de este pueblo. Pero, la sepultura del rico no marcó el fin de su existencia. El versículo 23 dice: "Y mientras el rico sufría en el lugar donde van los muertos, levantó los ojos y vio de lejos a Abraham, y a Lázaro con él." Los judíos usaban la palabra "Hades" para significar el infierno, el lugar a donde van los que no tomaban a Dios en cuenta en sus vidas. El hecho de que es un lugar de sufrimiento se ve en la descripción del rico que estaba "sufría".

En otras porciones de las Escrituras Jesús habló claramente

acerca de los dos lugares a donde van las personas al morir. En Mateo 25:46, él dijo: "Ésos irán al castigo eterno, y los justos a la vida eterna." En Mateo 23, Jesús condenó la hipocresía de los fariseos y les dijo: "¡Serpientes! ¡Raza de víboras! ¿Cómo van a escapar del castigo del infierno? (v.33). Por el otro lado, Jesús explicó a sus discípulos que él descendió del cielo (Juan 3:13) y les dijo que hay gozo en el cielo cuando un pecador se arrepiente (Lucas 15:7). Lázaro murió y fue llevado por los ángeles al cielo. El rico murió y alzó sus ojos en el infierno. Jesús enseñó que los que mueren van a uno de dos lugares: el cielo o el infierno.

Meditemos:

1. Jesús dijo que el hombre rico murió y fue sepultado. ¿Fue ese el fin de la existencia del hombre rico?

2. ¿De acuerdo con la Palabra de Dios, dónde abrió sus ojos el hombre rico?

3. Al leer esta parábola de Jesús, ¿podemos concluir que todas las personas van al mismo lugar cuando mueren?

4. ¿Enseña la Palabra de Dios que hay un lugar de tormento y un lugar de bendición?

5. ¿Enseña la Palabra de Dios que decidimos nuestro futuro eterno mientras estamos con vida?

Decidimos Nuestro Futuro Mientras Tenemos Vida

Jesús enseñó que mientras tienen vida, las personas determinan dónde van a pasar la eternidad. Esto lo vemos en la petición del rico y la respuesta de Abraham.

La Petición Del Rico

"Entonces gritó: '¡Padre Abraham, ten lástima de mí! Manda a Lázaro que moje la punta de su dedo en agua y venga a refrescar mi lengua, porque estoy sufriendo mucho en este fuego" (v.24).

Es muy interesante que el que nunca tuvo lástima del mendigo Lázaro ahora está pidiendo misericordia. El versículo 19 dice que el rico "todos los días hacía fiestas con mucho lujo". Pero en medio de su lujo y de su abundancia, él no prestaba atención al mendigo que estaba a su puerta "lleno de llagas" (v.20) y hambriento pues "quería llenarse con lo que caía de la mesa del rico" (v.21).

Está claro que el rico no se condenó porque era rico sino porque no tomó a Dios en cuenta en su vida. Esto se refleja en la manera en que daba la espalda a este pobre mendigo.

Por el otro lado, Lázaro no se salvó porque era pobre. El nombre Lázaro significa "Dios es mi ayudador". Aunque Lázaro no tenía bienes materiales, ni siquiera tenía suficiente comida, él había puesto su confianza en Dios. Por eso disfrutó de la bendición del cielo.

El rico, al experimentar el tormento pide que Lázaro venga para calmar su sed. Tan grande es su tormento que sólo una gota de agua le traería alivio.

Meditemos:

1. ¿Qué evidencia tenemos en esta parábola que el hombre rico

no tomó a Dios en cuenta durante su vida?

2. ¿Qué evidencia tenemos en esta parábola que el hombre rico buscaba alivio de su situación en el lugar de tormento?

La Respuesta De Abraham

Abraham le contestó: "Hay un gran abismo entre nosotros y ustedes; de modo que los que quieren pasar de aquí allá, no pueden, ni los de allá tampoco pueden pasar aquí" (v.26). Por medio de esta palabra Jesús enseñó que el destino final de las personas es permanente. El le dijo a Nicodemo, por ejemplo, que los que ponen su confianza en él tienen "vida eterna" (Juan 3:16). La vida en el cielo con Jesús no es por un período temporal. Es por toda la eternidad. Lo mismo enseñó Jesús acerca de la condenación en el infierno. Notemos lo que dice: "Por eso, si tu mano o tu pie te hacen caer en pecado, córtatelos y échalos lejos de ti; es mejor que entres en la vida manco o cojo, y no que con tus dos manos y tus dos pies seas arrojado al fuego eterno" (Mateo 18:8). Jesús habló acerca de la "vida eterna" y de la "muerte eterna". La vida eterna se refiere al cielo mientras que la muerte eterna se refiere al infierno. Si ambos son eternos, no pueden ser sólo por un tiempo.

Hay personas que piensan que el castigo es demasiado severo. Jesús pensó que el castigo era tan severo que estuvo dispuesto a dar su vida en la cruz para librarnos de la condenación. Por eso dice: "Les aseguro que quien presta atención a lo que yo digo y cree en el que me envió, tiene vida eterna; y no será condenado, pues ya ha pasado de la muerte a la vida" (Juan 5:24). Es verdad que la condenación es para siempre (eterna), pero también es verdad que la salvación que Cristo ofrece es eterna. Jesús enseñó que los que mueren van a uno de dos lugares: el cielo o el infierno. El enseñó que los que llegan a estos lugares estarán allí para siempre. Juntamente con este mensaje temible acerca de la condenación, Jesús da el mensaje glorioso acerca de la salvación. Las personas hacen su decisión acerca de su destino final mientras están en esta vida. Jesús dijo: "El que cree en el Hijo, tiene vida eterna; pero el que no quiere creer en el Hijo tendrá esa vida, sino que recibirá el terrible castigo de Dios" (Juan 3:36).

Meditemos:

1. ¿Fue concedida la petición del hombre rico que Lázaro fuera a donde él (el rico) estaba?

2. ¿Enseña esta parábola que la gente puede ir del infierno al cielo?

3. ¿Dijo Abraham que había un lugar entre el cielo y el infierno? (vea el versículo 26)

4. Cuando Abraham le dice, "Hijo, acuérdate" (v.25), ¿le está recordando al hombre rico que tuvo oportunidades en su vida para tomar a Dios en cuenta?

5. ¿Qué debemos hacer con las oportunidades que Dios nos da para recibir a Cristo como nuestro Salvador?

6. ¿A la luz de esta parábola, tiene sentido que esperemos hasta la última hora para acercarnos a Dios?

Nuestra Respuesta Al Evangelio Determina Dónde Pasaremos La Eternidad

La Petición Del Rico

Al darse cuenta que su condición en el infierno era

permanente, el rico se comenzó a preocupar por sus hermanos. Él le dijo a Abraham: "Te suplico entonces, padre Abraham, que mandes a Lázaro a la casa de mi padre, donde tengo cinco hermanos, para que les hable y así no vengan ellos también a este lugar de tormento" (vv. 27,28). El rico sabe que no puede hacer nada acerca de su propia condición. El desperdició las oportunidades cuando vivía aquí sobre la tierra. Pero él no quiere que sus hermanos cometan el mismo error fatal. Por eso quiere que alguien vaya a testificarles para que ellos no lleguen al mismo lugar.

La Respuesta De Abraham

Abraham le contestó: "Ellos ya tienen lo escrito por Moisés y los profetas: ¡Que les hagan caso!" (v.29). La forma en que usaban los judíos el nombre Moisés significaba la ley que Dios había dado a Moisés. La expresión "los profetas" se refiere a los predicadores. En otras palabras, Abraham le está diciendo: Ellos tienen la Palabra de Dios y tienen a los predicadores. Si ellos no quieren ir al infierno, que oigan la Palabra de Dios y que escuchen el mensaje de Dios a través de los profetas.

El rico no cree que esto es suficiente y por eso sugiere: "Sí, padre Abraham; pero si un muerto resucita y se les aparece, ellos se convertirán" (v. 30). El rico cree que si alguien regresa de la sepultura y les predica, sin duda se van a arrepentir.

Abraham le contesta: "Si no quieren hace caso a Moisés y a los profetas, tampoco creerán aunque algún muerto resucite" (v. 31). Lo que Abraham está diciendo es que si las personas cierran su corazón al mensaje de los mensajeros de Dios, ellos no van a recibir el mensaje si alguien viene de la sepultura a predicarles.

Un ejemplo de esto lo encontramos en la forma en que los

fariseos reaccionaron cuando Jesús resucitó a Lázaro de entre los muertos. Este debió haber sido el milagro que los convenciera que Jesús verdaderamente era el Hijo de Dios. Pero en vez de creer, ellos cerraron su corazón y trataron de matar no sólo a Jesús sino también a Lázaro (Juan 12:9-11). Esto prueba lo que Abraham dijo. Las personas no se van a convencer si ven un milagro de resurrección. Si han cerrado su corazón, nada les va a convencer de que deber arrepentirse de sus pecados, recibir a Cristo en su corazón y vivir para él de esta manera no sólo evitando el castigo eterno sino recibiendo la gran bendición de la vida eterna.

Lo que Abraham dice es una verdad muy significativa para nosotros en nuestro día. Hoy tenemos el testimonio fiel y digno de la Palabra de Dios. Además tenemos a los siervos de Dios que enseñan fielmente su palabra. Este es el medio que Dios ha provisto para la salvación de la humanidad.

Consideremos lo que dice San Pablo:

> "Todos los que invoquen el nombre del Señor alcanzarán la salvación. Pero ¿cómo van a invocarlo si no han creído en él? ¿Y cómo van a creer en él, si no han oído hablar de él? ¿Y cómo van a oír, si no hay quién les anuncie el mensaje? ¿Y cómo van a anunciar el mensaje, si no hay quién los envíe? Como dice la Escritura: ¡Qué hermosa es la llegada de los que traen buenas noticias!"(Romanos 10:13-15).

Lo que San Pablo está diciendo es que el plan que Dios tiene para que las personas vayan al cielo al morir en vez de ir al lugar de tormento es que ellas escuchen el evangelio (las buenas nuevas) y reciban a Jesucristo como el Señor de sus vidas. ¿Qué, pues, es el evangelio? Es la buena nueva de que Dios envió a su Hijo Jesucristo para hacer lo que el hombre no podía hacer por sí mismo: librarse de las consecuencias de su pecado. San Pablo explica esto cuando dice: "El pago que da el pecado es la muerte, pero el don de Dios es vida eterna en unión con Cristo Jesús, Señor nuestro" (Romanos 6:23). En otras palabras, Dios envió a Cristo para morir por nosotros y cuando le recibimos como nuestro Señor recibimos la vida eterna. Jesús dijo: "El que cree en el Hijo, tiene vida eterna; pero el que no quiere creer en el Hijo, no tendrá esa vida, sino que recibirá el terrible castigo de Dios" (Juan 3:36).

Meditemos:

En esta vida tenemos el testimonio de la Palabra de Dios. En ella encontramos la instrucción necesaria para recibir la salvación. (Lea 2 Timoteo 3:15)

1. ¿Estamos dispuestos a confiar en la Palabra de Dios como la suprema autoridad que nos enseña cómo recibir nuestra salvación?

2. ¿Qué debemos hacer para comprender lo que dice la Palabra de Dios acerca de nuestra salvación?

3. ¿Debemos leer la Biblia diariamente?

4. ¿La debemos estudiar con sinceridad?

5. ¿Debemos aceptar lo que dice la Biblia?

6. ¿Debemos creer en otras fuentes de información más que en la Palabra de Dios?

7. La expresión "Profetas" se refiere a los que predican la Palabra de Dios. ¿Cuál dice Abraham que debe ser nuestra respuesta a los profetas?

8. El hombre rico se preocupó por sus hermanos cuando era demasiado tarde.

    a. ¿Debemos preocuparnos si nuestros seres queridos no han recibido a Cristo en su corazón?

    b. ¿Qué estamos haciendo para que ellos lleguen a conocer a Cristo como su Salvador personal?

Jesús enseñó por medio de esta parábola:

1. Que hay vida después de la muerte - ¿estamos convencidos de esto?

2. Que mientras tenemos vida decidimos dónde vamos a pasar la Eternidad: el cielo o el infierno. ¿Hemos hecho nuestra decisión de recibir a Cristo?

3. Sabemos que vamos a pasar la eternidad en el cielo o en el infierno - ¿estamos seguros a dónde vamos?

4. La forma en que respondemos al evangelio determina nuestro destino final - ¿Cómo hemos respondido al mensaje de Jesús?

Porque este es un asunto tan importante, la Palabra de Dios dice: "Y ahora es el momento oportuno. ¡Ahora es el día de la salvación" (2 Corintios 6:2). "Por eso, como dice el Espíritu Santo en la Escritura: Si hoy escuchan ustedes lo que Dios dice, no endurezcan su corazón como aquellos que se rebelaron" (Hebreos 3:7,8).

Verso Bíblico para Memorizar:

"El que cree en el Hijo, tiene vida eterna; pero el que no quiere creer en el Hijo, no tendrá esa vida, sino que recibirá el terrible castigo de Dios" (Juan 3:36).

Oración:

Amantísimo Padre Celestial, quiero estar completamente seguro que voy a ir para estar contigo cuando muera. Yo sé que en mi propio mérito no merezco ir al cielo. Quiero darte las gracias porque enviaste a Jesús para morir en mi lugar. Mientras tengo vida y la oportunidad, quiero poner mi confianza completa en Jesús como mi Salvador. Gracias por la seguridad que yo tengo que has preparado un lugar para mí en el cielo, amén.

CONCLUSIÓN

El propósito de este libro, *Evangelio en el Rosario: Estudio Bíblico de los Misterios de Cristo*, es "extraer más plenamente la profundad Cristológica de Rosario"[46] para animar a las personas a tener una relación personal y vital con Jesucristo.

En su Carta Apostólica, el Papa Juan Pablo II expresó interés en que el Rosario no sea meramente un ejercicio mecánico. El explicó:

> En efecto, el Rosario es simplemente un método de contemplación. Como método, sirve como un medio hacia un fin y no puede llegar a ser el fin en sí mismo. Por tanto, como fruto de siglos de experiencia, el valor de este método no debe ser menospreciado. En su favor podemos citar las experiencias de innumerables Santos. Esto no quiere decir que no se puede mejorar el método. Esa es la intención de la adición de la nueva serie de los *misterios de luz* (*mysteria lucis*) al ciclo general de los misterios y de unas cuantas sugerencias que yo estoy proponiendo en esta carta acerca de la manera de recitación. Estas sugerencias, aunque respetan la estructura bien establecida de esta oración, tienen la intención de ayudar a los fieles a comprender la riqueza de su simbolismo y en la armonía con las demandas de la vida diaria. De no ser así, existe el riesgo de que el Rosario fracase en producir los efectos espirituales, y que aun las cuentas, con las cuales se recita lleguen a ser vistas como un objeto mágico, y por consiguiente distorsionando radicalmente su significado y función.[47]

Estos estudios Bíblicos ayudan a los participantes a progresar de tener una imagen mental de los Misterios de Cristo, a una compresión profunda de las enseñanzas Bíblicas en cuanto a estos misterios. "Así pues, la fe viene como resultado del oír y lo que se oye es el mensaje de Cristo" (Romanos 10:17). Es nuestra oración ferviente que esta comprensión guíe a una relación íntima y personal con Cristo. El Papa Juan Pablo expresó este deseo cuando dijo:

> Los ciclos de meditación propuestos por el Santo Rosario en ninguna forma lo abarcan todo, sino que traen a la mente lo que es esencial y despiertan en el alma una sed por el conocimiento de Cristo continuamente nutrido por la fuente pura del Evangelio. Cada evento individual en la vida de Cristo, como están narrados por los Evangelistas, está repleto con el Misterio que sobrepasa todo entendimiento (cf. Efesios 3:9): el Misterio de la Palabra hecha carne, en quien "lo que Dios es, se encuentra plenamente" (Colosenses 2:9). Por esta razón el Catecismo de la Iglesia Católica pone gran énfasis en los misterios de Cristo, recalcando que "todo en la vida de Jesús es una señal de su Misterio. El *"duc in altum"* de la Iglesia en el tercer milenio será determinado por la habilidad de los Cristianos de entrar en "un perfecto entendimiento que les permita comprender el secreto de Dios que es Cristo mismo, pues en él están encerradas todas las riquezas de la sabiduría y del conocimiento" (Colosenses 2:2-3). La carta a los Efesios hace esta oración apasionada por todos los bautizados: "Que Cristo viva en sus corazones por la fe. Así ustedes, firmes y con raíces profundas en el amor, podrán tener poder para conocer el amor de Cristo que sobrepasa todo entendimiento, para que estén completamente llenos de Dios" (Efesios 3:17-19).[48]

Es nuestro deseo sincero que la oración de San Pablo llegue a ser una realidad en los corazones de los que estudian y meditan en los misterios de Cristo para que la plenitud de Cristo more en sus corazones y que sean llenos de la plenitud de Dios. Gloria sea al Padre, y al Hijo, y al Espíritu Santo, como era al principio, es, y será para siempre, amén.

[46] Juan Pablo II, Carta Apostólica Rosarium Virginis Mariae http//www.vatican.va/holyfather/john_paul_ii/apos_letters/documents/hf_jp-ii_apl_20021016_rosarium-virginis-mariae _en html
[47] Juan Pablo II, Carta Apostólica, 15.
[48] Juan Pablo II, Carta Apostólica, 14.

www.ingramcontent.com/pod-product-compliance
Lightning Source LLC
Chambersburg PA
CBHW071707160426
43195CB00012B/1608